Wildkräuter.

Wildkräuter & Blüten

FRISCH AUS DER NATUR FÜR DIE KREATIVE KRÄUTERKÜCHE

Fotografiert von Cornelia Renson

Edition Fackelträger

Usch von der Winden

Inhalt

Mit Wildkräutern in der Küche zaubern

EINFACHE, FRISCHE KÖSTLICHKEITEN AUS DER NATUR

WILLKOMMEN IM REICH DER WILDKRÄUTER!

Mit Wildkräutern zu kochen, deren würziger Duft uns verführerisch in die Nase steigt, während unsere Geschmacksknospen in Wallung geraten – das ist sinnliches Vergnügen pur. Noch dazu eines, das uns Mutter Natur fast gratis offeriert. Und es gibt dabei so viel mehr Vertreter dieser »wilden Naturgesellen« zu entdecken als die uns bekannteren Bärlauch, Brennnessel und Löwenzahn. Nur Mut, ich nehme Sie jetzt mit auf eine spannende Kräuter-Hexen-Reise!

Dieses Buch gewährt Eintritt in eine neue, fast vergessene Welt – die aber direkt vor unserer Haustür liegt. Im Garten, auf Wiesen und Feldern, am Waldesrand wachsen jedes Jahr aufs Neue zahlreiche Kräuter, die schon vor Jahrhunderten gepflückt und genossen wurden. Nur vergaß man sie mit der Zeit leider ein wenig. Mit detaillierten Beschreibungen, animierenden Fotos und pfiffigen Rezepten holen wir »das wilde Kraut« aus der Vergangenheit zurück und hinein in unsere heimische Küche.

Mit diesem liebevoll gestalteten Buch möchte ich mein über Jahrzehnte erworbenes Kräuterwissen nun als würziges Kocherlebnis weitergeben an alle Hobby- und Profiköche. Viele vorzügliche »Zutaten« kommen dabei zum Einsatz:

Das Buch ist zum einen ein vergnüglicher Führer durch die vier Jahreszeiten von Mutter Natur, mit dem Ziel, die Wildkräuter neu zu entdecken, sie zu bestimmen und zu sammeln. Kurzum: Es will Lust machen auf das »Erlebnis Natur« – ob allein auf weiter Flur oder aber gemeinsam mit Familie oder Freunden. Dabei wird jedes der 32 Küchenkräuter detailliert in Wort und Bild vorgestellt – damit Sie von vornherein auf der sicheren Seite sind und die Kräuter bar jeglicher Verwechslungsgefahr.

Des Weiteren winkt dem Kräutersammler als »Belohnung« daheim ein »wilder« Küchenevent: das Nachkochen und/oder Abwandeln der vielen leckeren Rezepte. Die Freude am Riechen, Schmecken und (Aus-)Probieren steht dabei obenan. Denn kreatives Kochen mit den »würzigen Gesellen« ist Sinnenfreude pur!

Übrigens: Die gehobene Gastronomie hat sich ebenfalls »auf den kulinarischen Naturtrip begeben« und bietet die »Unkräutertrends« zu horrenden Preisen als Delikatessen an. Momentan ganz oben auf der Hitliste: das Gemüse aus Gartenspinat, mit frisch gezupften Brennnessel-Blättern und jungem Giersch. Das können wir ebenfalls – allerdings fast zum Nulltarif! Lediglich ein wenig Zeit und Eigeninitiative sind vonnöten.

DAS KLEINE 1 X 1 DES RICHTIGEN SAMMELNS & VERARBEITENS

Natürlich können wir nicht mit einer »Einkaufsliste« losziehen, es sei denn, wir haben uns vorher draußen schon genau umgesehen und wissen, wo welche Wildkräuter wachsen.

Was wir mitnehmen hinaus ins Grüne: einen Korb, ein Messer, eine Schere für Blüten und Blätter, einen »Unkrautstecher« aus unserem Gartengerätefundus für die Wurzeln und ein paar Gartenhandschuhe, falls wir auf Brennnessel-Jagd sind.

Ein paar Grundsätze: Die erste wichtige Regel – wie beim Pilzesammeln – lautet: Bin ich mir nicht sicher, welches Kraut ich vor mir habe, dann lasse ich es stehen. Als Nächstes nehmen wir unsere Nase zu Hilfe: Ein zwischen den Fingern zerriebenes Blatt eines essbaren Küchenkrauts darf nie unangenehm oder ekelhaft riechen.

Wo man fündig wird: Der Lieblingsstandort des jeweiligen Wildkrauts ist bei dessen Porträt stets angegeben. Man entdeckt Wildkräuter im eigenen Garten, auf Wiesen, Hängen und im Wald; und sammelt sie überall dort, wo die Wahrscheinlichkeit einer künstlichen Düngung und anderer belastender Schadstoffe – zum Beispiel durch Autoabgase – äußerst gering ist.

Die schmackhaftesten Pflanzenteile für den Kochtopf: Wir verwenden möglichst junge Kräuter, bei älteren nur die Triebe und Herzblätter. Zu achten ist auf gesunde Pflanzen ohne fleckige, pilzige oder sporige Teile. Das Ausstechen von Wurzeln gestaltet sich etwas mühsam, aber es lohnt sich.

Die beste Tageszeit fürs Sammeln: Der späte Vormittag – nach Abtrocknen des Taus – ist für Blüten, Blätter und Triebe ideal. Sollen die Wildkräuter noch am selben Tag verwendet werden, dürfen sie noch feucht sein. Einzige Ausnahme: Der Beifuß sollte bei seiner späteren Verwendung etwas trockener und welk sein, um sein volles Aroma abzugeben.

Getrocknete Kräuter aus der eigenen Produktion: Das Trocknen geschieht am schonendsten langsam im Schatten. Bei großer Eile darf es auch mal die Mikrowelle sein: die bereits abgetrockneten Kräuter zwischen zwei Lagen Küchenkrepp geben und bei voller Leistung in Intervallen trocknen; nach insgesamt 4 Minuten dürfte der Trocknungsprozess abgeschlossen sein. Oder man trocknet im Backofen bei maximal 40 °C. In dunkle Behälter abgefüllt, behalten die Kräuter für ein Jahr ihr Aroma.

So bannen Sie die Verwechslungsgefahr – und schützen sich vor Bauchgrimmen oder Schlimmerem: Einige Kräuter sind ungenießbar oder gar giftig. Den obersten Grundsatz kennen Sie bereits – Unbekanntes bleibt immer stehen! Und niemals Kinder ohne Aufsicht sammeln lassen.

Der köstliche Wiesen-Kerbel lässt sich verwechseln mit dem giftigen Wasserschierling; wir verzichten deshalb ganz auf Rezepte mit Wiesen-Kerbel. Es sei hier nur an Sokrates erinnert, der für den Trank aus dem Schierlingsbecher mit seinem Leben zahlte.

Ein anderes Beispiel: Die Verwechslung von bekömmlichen Bärlauch- mit giftigen Maiglöckchen-Blättern hat ebenfalls gefährliche Folgen. Deshalb bei Beschwerden den Arzt aufsuchen. Dabei ist es an sich so einfach: Die jungen Maiglöckchen-Blätter sprießen erst dann aus der Erde, wenn der Bärlauch schon in voller Blüte steht. Ein sicheres Indiz ist auch der Geruch: Reiben wir ein Blatt des Bärlauchs – auch Wilder Knoblauch genannt –, duftet es unverwechselbar nach der gleichnamigen Knolle. Ein Maiglöckchen-Blatt riecht nicht. Zur Kontrolle unseres Korbinhalts nehmen wir daheim erneut jedes Blattbündel in die Hand, reiben es zart und schnuppern daran. Erst dann geht es ab in die Küche mit dem Wilden Knoblauch.

Das Verarbeiten der gewonnenen Schätze: Wildkräuter mit stark würzigem Geschmack wie Dost, Quendel und Gundelrebe fein hacken um die entstehenden ätherischen Öle besser dosieren zu können.

Wichtiger Tipp: Sämtliche Wildkräuter und auch die Gartenkräuter auf einem feuchten Holzbrett schneiden oder hacken. Die Schneidefläche eines trockenen Brettes saugt die so wichtigen Aroma gebenden ätherischen Öle auf.

Manch ein »Wildkräuterneuling« empfindet den Geschmack des einen oder anderen Krauts als zu herb und bitter. Dabei lässt sich die Intensität gut steuern: Die Pflanze einfach kurz in lauwarmes Salzwasser legen und anschließend mit kaltem Wasser abspülen. Ob dies im Einzelnen nötig sein könnte, wird bei den Rezepten jeweils angegeben.

Zu den Mengenangaben bei den Rezepten: Wir kochen stets ausreichend für vier Personen; Ausnahmen sind extra angegeben.

Wenn hinsichtlich der verwendeten Kräuter die Rede ist von »1 Handvoll«, so ist damit genau die Menge an frischem, nicht zerkleinertem Wildkraut gemeint, die gehäuft in die gewölbte Fläche einer Hand passt, ohne herunterzufallen. (Es werden also nicht beide Hände gemeinsam zu einer Schale geformt!) Wo es auf die exakte Menge ankommt steht hiervon abweichend die Grammangabe.

Die angegebenen Backofentemperaturen beziehen sich auf Ober- und Unterhitze. Bei Umluft etwa 20 °C weniger.

Und sieht das Ergebnis unserer Kochkünste dann ebenso aus wie auf den schönen Fotos? Ja, versprochen! Denn die fertig zubereiteten Speisen werden in diesem Buch so illustriert, dass es bei genauem Nachkochen auf Ihrem Teller genauso aussieht wie auf den Fotos. Geschönte Werbefotos sind für uns tabu.

Außerdem lautet das Motto: Bereits das Lesen der Rezepte sollte Spaß machen und die Geschmacksknospen in Wallung bringen.

Viel Vergnügen beim Lesen, Sammeln und Nachkochen, aber vor allem beim kreativen Experimentieren wünscht Ihnen nun

Usch von der Winden

Gaumenkitzler mit Gesundheitseffekt

DIE WIRKSTOFFE DER WILDPFLANZEN

VITAMINE

Vitamin A

ist positiv für die Haut, die Leber, die Schilddrüse und die Schleimhäute.

Zu den für uns wichtigsten Vitaminen gehören die des B-Komplexes:

Vitamin B1

wirkt günstig auf den Nervenstoffwechsel und ist auch am Eiweiß-Fettstoffwechsel beteiligt.

Vitamin B2

fördert während der Kindes-Entwicklung dessen Wachstum und Gewichtszunahme und wirkt zudem heilend bei Sehstörungen.

Vitamin B12

wird benötigt bei der Blutbildung, bei Blutarmut und Schwächezuständen nach Operationen und zur Bekämpfung von Infektionskrankheiten.

Hauptsächlich erfreuen wir uns in der modernen Küche an ihrem herb-würzigen Geschmack. Aber auch in anderer Hinsicht sind die »wilden Gesellen« nicht zu verachten. Sie haben es – wie alle Pflanzen – förmlich in sich: Bestimmte Inhaltsstoffe nämlich machen die Wildkräuter entweder für uns Menschen unbekömmlich bis giftig oder aber sehr wertvoll, weil gesundheitsfördernd und lindernd bei allerlei kleineren und größeren Zipperlein. Hier ein kleiner Streifzug durch die wichtigsten Wirksubstanzen.

ÄTHERISCHE ÖLE

Wir riechen sie, wir schmecken sie: die ätherischen Öle. Sie kommen in vielen Pflanzen vor – zum Beispiel in Kamille, Salbei, Thymian und Eukalyptus –, teils in den Blättern und Stängeln, teils in den Blüten. Ätherische Öle sind fettlöslich, flüchtig (vergleiche: Ether) und verdampfen bei starkem Erwärmen rückstandsfrei. Deshalb gibt man Gewürze und Wildkräuter, die ätherische Öle enthalten, erst kurz vor dem Anrichten in die Speisen.

Die Wirkungsweise der ätherischen Öle ist sehr unterschiedlich. Allen gemeinsam ist ein antibakterieller Effekt. Und entweder reizen sie die (Schleim-)Haut oder sie besitzen eine leicht betäubende Wirkung. Sie wirken zudem auf das vegetative Nervensystem, beeinflussen heilsam Magen und Darmtrakt oder wirken heilend auf das Bronchialsystem. Kurzum: Ätherische Öle sind sehr vielseitig einsetzbar.

BITTERSTOFFE

»Bitterstoffe« steht als Oberbegriff für verschiedene chemische Verbindungen, denen aber nur der bittere Geschmack gemeinsam ist. Sie wirken über die Geschmacksnerven im Mund und regen sowohl die Speicheldrüsen an als auch die Drüsen im Verdauungstrakt; deshalb sind Bitterstoffe appetit- und verdauungsfördernd – und somit bestens geeignet als Zutat für einen deftigen Braten!

FLAVONOIDE

Chemisch gesehen leiten sich die Flavonoide von den Phenolen ab (das sind organische Verbindungen, die gegen Bakterien und Pilze wirken). Sie sind durchblutungsfördernd, schweiß- und harntreibend. Zudem werden ihnen antioxidative Eigenschaften zugeschrieben. Flavonoide wirken auch gegen Magengeschwüre, Leberleiden und andere Entzündungen.

In Arnika-, Ringelblumen- und Kamillen-Blüten findet man zum Beispiel größere Mengen dieser sogenannten sekundären Pflanzenstoffe.

GERBSTOFFE

Gerbstoffe – die im Pflanzenreich häufig anzutreffen sind – wirken zusammenziehend (adstringierend), entzündungshemmend, gegen Bakterien und Viren und neutralisieren zudem Gifte. Äußerlich angewendet, machen Gerbstoffe die Haut widerstandsfähiger; innerlich zugeführt, besitzen sie einen reizmildernden und heilungsbefördernden Effekt – allerdings sollten sie nicht dauerhaft über längere Zeit eingenommen werden und in höherer Dosierung können sie sogar Schaden anrichten.

Wir kennen Gerbstoffe beispielsweise im Tee oder als Tannine im Wein.

SAPONINE

Die Saponine (von lat. sapo = Seife; beim Schütteln mit Wasser entwickelt sich nämlich ein seifenartiger Schaum) bilden eine Untergruppe der Glykoside. Das Senfglykosid beispielsweise tritt durch Reiben eines Blattes als scharfer und manchmal bitterer Geschmack zutage. Wir finden Saponine unter anderem in unserem heimischen Gänseblümchen.

Saponine sind allgemein schleimlösend und steigern die Ausscheidungen der Körperdrüsen wie Leber und Nieren, sie wirken deshalb blutreinigend. Zudem werden stärkende entzündungshemmende und hormonstimulierende Eigenschaften beobachtet. Den Pflanzen selbst dienen die unterschiedlichen Glykoside als Schutz gegen das Gefressenwerden.

SCHLEIMSTOFFE

Zahlreiche Pflanzen enthalten Schleimstoffe. Diese Substanzen – sie kommen unter anderem in Spitzwegerich und Huflattich vor – schützen beispielsweise unsere Schleimhäute in den oberen Atemwegen und im Darmtrakt. Pflanzen mit Schleimstoffen dürfen nicht abgekocht werden, sondern sollten für eine Teezubereitung kalt angesetzt werden.

VITAMINE

Unser Organismus braucht viele Vitamine. Die Topnachricht für Wildkräuterköche: Im wilden Kraut sind die Vitamine in weit höherer Konzentration enthalten als in den Kulturpflanzen – und eben nicht nur in den Blättern und Blüten, sondern auch in den Früchten, Sprossen und Wurzeln. Nutzen wir also diesen kostenlosen Gesundbrunnen!

VITAMINE

Vitamin H (Biotin)
fördert eine glatte, gut durchblutete Haut und regelt den Cholesterinspiegel.

Vitamin P (Rutin)
verhindert Gefäßblutungen und unterstützt außerdem die Wirkung von Vitamin C.

Vitamin C
ist für einen gesunden Stoffwechsel wichtig und nötig, wird aber nicht vom eigenen Körper produziert. Man muss es ihm zuführen. Viele Wildpflanzen enthalten mehr Vitamin C als Zitrusfrüchte. Es schützt vor Infektionskrankheiten, hilft beim Aufbau von Knochenmark und bei der Blutbildung und beeinflusst die Neubildung von Knorpeln und Knochen. Sogar Keuchhusten kann durch Zugabe von Vitamin C gelindert werden.

Vitamin E
entfaltet auf das Bindegewebe und den Muskelstoffwechsel eine regenerierende Wirkung.

Giersch oder Geißfuß

Aegopodium podagraria

EINES DER GRÖSSTEN ENERGIEBÜNDEL UNTER DEN WILDKRÄUTERN

Schon im Mittelalter wurde der Giersch (auch Dreiblatt genannt) professionell als Gemüsepflanze in Klostergärten angebaut und kultiviert. Und noch viel früher mundete römischen Legionären der Geißfuß als wildes Gemüse. Wenn wir nun die alten Wildkräuter neu entdecken, kommt uns das über Jahrhunderte erworbene Wissen unserer Vorfahren zugute.

Heutzutage allerdings stöhnt der »Kulturgärtner« über das wuchsfreudige Kraut und versucht verzweifelt, den Giersch aus dem heimischen Garten zu vertreiben. Warum stattdessen nicht aus der Not eine schmackhafte Tugend machen!

Der Geißfuß begleitet uns das ganze Jahr hindurch. Er wächst immer wieder mit neuen Trieben nach und ist unermüdlich für unseren Kochtopf tätig. Gemeinsam mit der Brennnessel wetteifert er um unsere Gunst als zeitiger Frühlingsgesandter. Die ersten zarten Blättersprossen eignen sich für unsere Frühlingssalate besser als jede Petersilie aus dem Laden. Gehackt in Quark, zusammen mit anderen Kräutern, entsteht die reinste Geschmacksexplosion. Und die filigranen Blütenknospen sind im Sommer nicht nur optisch eine Delikatesse. Später im Jahr verwendet man die fein gehackten Blätter der größeren Pflanzen als Würzkraut; deren nussig-pfeffrige Note gibt jeder Suppe oder jedem Eintopf den gewissen Pfiff.

STANDORT

Außer ungewollt in Gärten wächst der Giersch hauptsächlich in Laubwäldern, im Gebüsch, an Bachläufen und Hecken, wo er eine schattige, etwas feuchte Lage bevorzugt.

HEILWIRKUNG

Der Giersch punktet mit hohem Kaliumgehalt, Vitamin C, Flavonoiden, ätherischen Ölen und Kaffeesäure. Schon der alte Name Zipperleinskraut weist auf seine Heilwirkung bei Stoffwechselstörungen hin. Als Tee aus der getrockneten Pflanze zubereitet, hilft das Kraut gegen Gicht, Rheuma und Arthritis. Praktisch auf Wanderungen: Äußerlich angewendet, lindert ein frisch zerquetschtes Giersch-Blatt rasch den Schmerz und die Rötung eines Insektenstiches.

Der Giersch gesellt sich übrigens gern zur Brennnessel. Diese kulinarische Allianz erfreut stets den Gaumen!

VERWENDUNG IN DER KÜCHE

In Suppen und Salaten, als Pesto, Gemüse und Würzkraut.

SAMMELZEIT

Von Mai bis August. Mit neuen frischen Blättern bis in den Herbst.

Kalte Kräuter-Vichyssoise

DIE BERÜHMTE FEINE KALTE KARTOFFELSUPPE AUS DER FRANZÖSISCHEN STADT VICHY

ZUTATEN

- 30 g Giersch-Blätter
- 30 g Brennnessel-Blätter
- 5 EL Olivenöl
- 400 g festkochende, fein geschnittene Kartoffeln
- 80 g Frühlingszwiebeln
- 700 ml Geflügelfond
- 500 g Schlagsahne
- Pfeffer, Salz, Muskat
- 8 Garnelen à 30 g (ohne Kopf, mit Schale)
- 1 Eiweiß, leicht geschlagen (Gew.-Kl. M)
- 15 g Kokosraspel

Zwiebeln klein würfeln, Frühlingszwiebeln säubern und in feine Ringe schneiden. Kartoffeln waschen, schälen und in Würfel schneiden. 2 EL Olivenöl in einem Topf erhitzen, die Zwiebeln und die Kartoffeln kurz anschwitzen, mit 400 ml Geflügelfond ablöschen und zugedeckt in einem Topf in 15 Minuten weich kochen. Anschließend mit einem Schneebesen pürieren.

Die Brennnessel- und Giersch-Blätter in kochendem Salzwasser kurz blanchieren, mit kaltem Wasser abschrecken, abtropfen lassen und mit dem restlichen Fond pürieren.

Beide Pürees miteinander vermengen, die Sahne zugeben, mit Pfeffer, Salz und Muskat würzen. Die dick-sämige Suppe In den Kühlschrank stellen und, am besten über Nacht, abkühlen lassen.

Die Garnelen bis auf die Schwanzflosse aus den Schalen lösen, die Schwanzflosse längs halbieren und den Darm entfernen, sofern nicht schon geschehen. Die Garnelen durch das halb steife Eiweiß ziehen und in den Kokosraspeln wälzen. Das restliche Olivenöl in einer Pfanne erhitzen und die Garnelen circa 4 Minuten darin braten.

Vor dem Servieren die »Früchte des Meeres« mit der Vichyssoise und ein paar Wildkräuterblättern hübsch anrichten.

Die edle kalte Kartoffelsuppe lässt sich wunderbar vorbereiten. Anstelle der Garnelen munden ebenso gut in Kokosraspeln gewälzte, gebratene Geflügelstreifen.

Frühlings-Muntermacher-Salat

WIR »BEWAFFNEN« UNS MIT SCHUTZHANDSCHUHEN

Den Speck würfeln und mit der fein gewürfelten Zwiebel im Olivenöl schön kross braten.

Vorbereitete Gänseblümchen und Vogelmiere zunächst beiseite legen. Erstere dienen rein zur Garnierung; Letztere besitzt eine so zarte Konsistenz, dass sie dem Salat erst zum Schluss zugefügt wird. Die übrigen Kräuter und den Salat gut waschen und abtropfen lassen; zerpflücken und in einer Salatschüssel vermischen.

Die Zutaten für die Vinaigrette wie folgt in einem hohen Gefäß mischen: In den Essig Pfeffer, rote Pfefferbeeren, Salz, Senf und Zucker geben und gut durchschütteln. Das Olivenöl langsam zutropfen lassen, gut vermischen, über den Salat geben.

Speck- und Zwiebelwürfel sowie die zerpflückte Vogelmiere dazugeben und vorsichtig zusammen mit den Gänseblümchen – Achtung, die zarten Köpfe dürfen nicht leiden! – unterheben.

Um den Gaumen langsam an bislang unbekannte kulinarische Genüsse zu gewöhnen, wird dem Wildkräutersalat zunächst »normaler« Salat beigemischt. Das Herantasten an die wild-herbe Geschmackskomponente fällt so weitaus leichter.

ZUTATEN

- 2 gr. Handvoll Giersch-Blättchen
- 1 gr. Handvoll Brennnessel-Triebe
- 1 kl. Handvoll Gänseblümchen
- 1 kl. Handvoll Vogelmiere
- 1 gr. Handvoll Endivien- oder Friséesalat

Nach Gusto

- 100 g durchwachsener geräucherter Speck
- 1 Zwiebel, fein gewürfelt
- 1 EL Olivenöl

Für die Vinaigrette

- 4–5 EL Aceto Balsamico
- Pfeffer, Salz, 1 Pr. Zucker
- 1 TL Senf
- 4–5 EL Olivenöl
- 1 EL rote Pfefferbeeren

Giersch-Mehl-Butter

Die Giersch-Blätter waschen, trocknen und fein hacken.

Die weiche Butter und das Mehl – doppelgriffiges lässt sich aufgrund seiner Rieselfähigkeit besonders gut verarbeiten – miteinander verkneten; die gehackten Giersch-Blätter einarbeiten.

Den Teig entweder mithilfe einer Lage Klarsichtfolie zu einer Rolle formen, von dieser Scheiben abschneiden und portionsweise einfrieren oder aber in die Mulden einer Eiswürfelform füllen und so einfrieren.

Die Giersch-Mehl-Butter ist schnell auf Vorrat zubereitet und hilfreich beim Binden von hellen Saucen und Suppen. Dabei verleiht sie den Speisen bereits einen ersten frischen »Kräuter-Kick«.

ZUTATEN

- 1 Handvoll junge Giersch-Blätter
- 250 g Butter
- 250 g Mehl (möglichst doppelgriffiges)
- Klarsichtfolie oder Eiswürfelform

LAMMKOTELETTS AUF GIERSCH-GEMÜSE

Lammkoteletts auf Giersch-Gemüse

Den Giersch gut waschen und abtropfen lassen.

Die Zwiebelwürfel in der Butter anschwitzen und mit Fond ablöschen. Die Giersch-Blätter zugeben und leicht ankochen. Mit Salz, Pfeffer und etwas Knoblauch abschmecken. Den Kümmel dazugeben und unterrühren. Das Gemüse braucht 5 Minuten, bis es bissfest gegart ist.

Die Koteletts gut würzen und im heißen Olivenöl von beiden Seiten kurz anbraten; nach insgesamt circa 10 Minuten (einmal wenden!) sind sie durch. Auf einem Bett aus Giersch-Gemüse anrichten und mit den Blüten garnieren.

Dazu passen kleine Schwenkkartoffen gut.

ZUTATEN

- 400 g Giersch-Blätter
- 1 Zwiebel, fein gewürfelt
- 100 g Butter
- 100 ml Fleischfond
- Salz, Pfeffer, Knoblauch
- 1 TL Kümmel
- 8 Lammkoteletts à 100 g
- Olivenöl
- 4 Dolden der Giersch-Blüte

Giersch-Käseknödel

Die altbackenen Brötchen in dünne Scheiben schneiden und in eine große Schüssel geben.

Zwiebel sowie Knoblauch schälen und fein würfeln, in einer Pfanne mit etwas zerlassener Butter glasig dünsten. Den gewaschenen, gut abgetropften Giersch zugeben und 1 Minute mitdünsten. Milch zugießen und den Sud lauwarm erhitzen (er darf nicht zu heiß werden!). Darin die Eier verquirlen, alles gut durchschlagen und über die Brötchen gießen. 15 Minuten ziehen lassen.

Gouda und Emmentaler reiben und zur Brötchenmasse geben, salzen und pfeffern. Die Masse mit den Händen zu einem homogenen Teig verarbeiten. Mit nassen Händen circa 12 Knödel formen. In einem großen Topf Salzwasser zum Kochen bringen, die Knödel hineingeben und bei kleiner Hitze offen 20 Minuten ziehen lassen.

Zum Servieren die Butter aufschäumen lassen, über die Knödel geben und mit geriebenem Parmesan bestreuen. Dazu passt ein gemischter Salat.

ZUTATEN

- 6 Handvoll Giersch (wie in der Einleitung beschrieben)
- 400 g Brötchen vom Vortag
- 1 Zwiebel
- 1 Knoblauchzehe
- 100 g Butter
- 200 ml Milch
- 4 Eier
- 200 g Gouda
- 100 g Emmentaler
- Salz, Pfeffer
- 100 g Parmesan

Löwenzahn

Taraxacum officinale

EIN LIEBENSWERTER »NEUBÜRGER«

Der Löwenzahn gehört heute zu den bekanntesten Wildkräutern. In früheren Zeiten jedoch war dem nicht so: Hildegard von Bingen, gut bewandert in der Naturküche, hat ihn als Heilpflanze nicht erwähnt; dass er essbar ist, muss ihr völlig unbekannt gewesen sein. Aber es gab ihn schon damals. Arabische Ärzte berichteten bereits im 11. Jahrhundert von der heilenden Wirkung des Löwenzahnes. Ein weiterer Beweis für sein Vorkommen: Vor etwa 500 Jahren malte ihn Albrecht Dürer in einem seiner bekannten Aquarelle als Rasenmitbewohner.

Sein Durchsetzungsvermögen kam somit spät – dafür aber gewaltig. Heutzutage lässt er sich kaum mehr aufhalten. Schon Ende März, wenn die Sonne wärmer strahlt, lachen uns auf den Wiesen und Hängen gelbe Puderquasten fröhlich an, die uns im Mai als goldgelbe Blütenteppiche zum Staunen bringen. Und er weckt Kindheitserinnerungen: Fast jedes Mädchenhaar zierte wohl ein Blütenkranz aus Löwenzahn, und gar sportlich ging es zu beim Pusteblumen-Wettblasen.

Aber vor allem seine geschmacklichen Variationen sind nicht zu toppen, ob nun Blatt, Knospe oder Wurzel verarbeitet werden.

Die frischen kleinen Blättchen geben dem ersten Frühlinssalat mit Ei eine würzige Komponente – sehr beliebt im österreichischen Raum. Die älteren Löwenzahn-Blätter mit etwas mehr Bitterstoffen werden traditionell zum Wildgemüse. Die gebleichten Blätter ohne Bitterstoffe, eher in Italien und Frankreich bekannt, sind auf jeder Gourmetspeisekarte als Salat zu finden. Im zeitigen Frühjahr sind erst die Knospen als falsche Kapern gefragt, später haben die Blüten ihre hohe Zeit in Honig und Gelees. Im Herbst erfreut die Wurzel – geschnitten und geröstet – unseren Gaumen mit ihrem außergewöhnlichen Geschmack.

Wichtig zu wissen: Der Löwenzahn ist völlig ungiftig. Die austretende Milch schmeckt allerdings extrem bitter und hinterlässt gemeine braune Flecken.

STANDORT

Auf stickstoffreichen Böden in sonniger Lage, auf Wiesen, Rändern und Brachfeldern.

HEILWIRKUNG

Die Blätter enthalten viel Provitamin A, B und C, Mineralsalze, Gerb- und Bitterstoffe sowie ätherische Öle. Die Wurzeln bieten Inulin, eine für Diabetiker wertvolle Substanz, da sie deren Stoffwechsel nicht belastet. Löwenzahn hilft bei gestautem Stoffwechsel, wirkt blutreinigend und blutdrucksenkend. Von den entwässernden Eigenschaften des Löwenzahns wussten bereits die Generationen vor uns, und im Volksmund heißt das Kraut recht unverblümt »Bettpisser« (nach dem französischen Namen »Pis-en-lit«).

VERWENDUNG IN DER KÜCHE

In Salaten und Desserts, als Gemüse und falsche Kapern.

SAMMELZEIT

Von März/April bis, bei milden Temperaturen, in den späten Herbst.

Löwenzahn-Kräuter-Kartoffelpuffer

ZUTATEN

- 1 Handvoll frische Löwenzahn-Blätter
- 1 Handvoll Gundermann-Blätter
- 1 kg Kartoffeln
- 2 Eier
- 1 TL Salz
- Pfeffer aus der Mühle
- 4 EL Butter
- 4 EL Olivenöl

Die Kartoffeln schälen und grob raspeln, fest mit den Händen ausdrücken.

Die Kräuter waschen, trocken tupfen und in feine Streifen schneiden.

Die Kartoffelraspel mit den Kräutern und den Eiern gut vermischen. Salzen und mit frisch gemahlenem Pfeffer würzen.

Zunächst jeweils 2 EL Butter und Olivenöl in eine heiße Pfanne geben. Nun nacheinander Puffer braten, bis die Hälfte des Teiges verbraucht ist: Dazu jeweils 2 EL Teig in die Mitte geben und nach außen zum Rand hin andrücken. Wenn die eine Seite knusprig ist, wenden; die andere ebenfalls schön kross braten. Wenn die erste Hälfte Puffer fertig ist, wird das Butter-Öl-Gemisch gewechselt.

Löwenzahn-Salat, steirische Art nach Bertheide

ZUTATEN

- 2 Handvoll frische Löwenzahn-Blätter
- 1 kg Kartoffeln
- 200 ml Apfelessig, nach Geschmack auch etwas mehr
- 1 Zwiebel
- 1 Knoblauchzehe
- Salz, Pfeffer, 1 Pr. Zucker
- 3 EL Kürbiskernöl

Die Löwenzahn-Blätter sorgfältig waschen, mit Küchenkrepp trocken tupfen, klein schneiden und in eine große Schüssel geben.

Die Kartoffeln mit der Schale garen und umgehend pellen. In dünne Scheiben schneiden und noch heiß über den Löwenzahn schichten. Etwa 10 Minuten ziehen lassen.

Eine Marinade zubereiten aus Apfelessig, fein geschnittener Zwiebel, gehackter Knoblauchzehe, Salz, Pfeffer, Zucker und Kernöl. Über den Salat geben, durchmischen, kurz ziehen lassen und noch lauwarm servieren.

In der Steiermark wird der Salat vorzugsweise mit hart gekochten Eiern gegessen.

LÖWENZAHN-SALAT STEIRISCHE ART

Bärlauch

Allium ursinum

DER MYTHISCHE FRÜHJAHRSBOTE

Unsere Vorfahren haben den Namen Bärlauch vermutlich aus der Beobachtung der Bären hergeleitet. Die waren nämlich nach ihrem langen Winterschlaf ganz wild auf die nahrhaften grünen Blätter, um ihre Energiereserven wieder aufzutanken. Stark wie Meister Petz werden, das wollten auch die Menschen – und tatsächlich: Die erhoffte Stärkung trat mit dem Genuss dieses Wunderkrauts ein.

Der zweite Name, Wilder Knoblauch oder Wald-Knoblauch, ist schnell erklärt. Es steigt einem der Duft nach Knoblauch bereits in die Nase, bevor die Pflanzen überhaupt zu sehen sind.

Die alten Römer legten besonderes Augenmerk auf die heilende Wirkung des Bärlauches. Maßvollem Essen nicht sehr zugetan, rückte das »herba salutaris« mit seiner bekannten Heilwirkung bei Magen- und Leberbeschwerden die Folgen der Völlerei wieder etwas ins Gleichgewicht. Später attestierte Hildegard von Bingen dem Erdenkraut beste Heilwirkungen und empfahl in ihren Schriften dessen Genuss. In der Nachkriegszeit strömten die Städter hinaus in die umliegenden Wälder, um das wilde Kraut zu sammeln und so ihren damals nicht sehr ausgewogenen Speiseplan um gesundes Grün zu ergänzen. Mit dem wirtschaftlichen Aufschwung geriet der Bärlauch wieder in Vergessenheit. Doch einer der großen deutschen Sterneköche, Eckart Witzigmann, entdeckte den Wald-Knoblauch neu und verhalf ihm zu kulinarischen Höhenflügen. Heute liegt Bärlauch voll im Trend und es gibt viele schmackhafte Rezepte für die leider nur kurze Erntezeit.

Wir verwenden überwiegend die Blätter, die vor der Blüte den intensivsten Geschmack und die beste Wirkung entfalten; aber auch die Blüten schmecken angenehm süßlich-knoblauchartig. Wenn Letztere verwelken, erscheinen die kleinen grünen Früchte auf dem Stängel, die geschmacklich intensiv an Kapern erinnern. Der Riesenvorteil des Bärlauchs gegenüber der Knoblauchknolle: Der störende Knoblauchduft über Mund und Haut fehlt nach dem Genuss gänzlich!

STANDORT

Bärlauch bevorzugt humusreichen Laubwaldboden und mag es schattig und feucht. Bietet man ihm diese Bedingungen, wächst er mittlerweile auch in Gärten. Da sich der Wald-Knoblauch eher langsam verbreitet und mittlerweile sehr beliebt ist, sollte man sich bei der Ernte in freier Natur in Zurückhaltung üben: nur in großen Beständen ernten und die Hälfte der Blattrosetten stehen lassen.

HEILWIRKUNG

Frische Blätter enthalten reichlich Vitamin C, Lauchöle und Flavonoide. Die Heilwirkung bei Arterienverkalkung, hohem Blutdruck und Leberleiden ist seit der Römerzeit bekannt. Der Bärlauch hilft zudem gegen Blähungen und Durchfall.

VERWENDUNG IN DER KÜCHE

Als Pesto, falsche Kapern und Würzpaste, in Suppen, Salaten und Quarkspeisen.

SAMMELZEIT

April und Mai. Nochmals an dieser Stelle der eindringliche Appell, den Bärlauch vor der Ernte korrekt zu identifizieren! Die Blätter müssen eindeutig nach Knoblauch riechen. Tun sie das nicht, handelt es sich um das ähnlich aussehende giftige Maiglöckchen oder die ebenso giftige Herbstzeitlose.

AVOCADO MIT GARNELEN UND BÄRLAUCH-CREME &
EINGEWICKELTE BÄRLAUCH-KÖSTLICHKEITEN

Avocado mit Garnelen und Bärlauch-Creme

DAS BESONDERE BÄRLAUCH-REZEPT

Für die Vorspeise den Bärlauch waschen, trocken schütteln und sehr fein hacken. Zusammen mit Mayonnaise, Frischkäse und Ketchup pürieren, mit Salz, Pfeffer und Tabasco würzen.

Avocados halbieren, Steine entfernen und die Hälften mit Zitronensaft beträufeln, damit sie nicht braun werden.

Schalotten und Knoblauchzehen fein schneiden, in heißer Butter kurz anbraten. Garnelen zugeben und mit Kurkuma, Salz und Pfeffer würzen.

Die Creme auf die Avocadohälften geben und jeweils eine Garnele dazulegen. Jeweils mit einem Bärlauch-Blatt und einer halben Cocktailtomate garnieren.

SELBST GERÜHRTE MAYONNAISE

2 Eigelb schlagen, bis deren Farbe heller wird, unter Rühren tropfenweise 300 ml Olivenöl zugeben, mit Salz und Pfeffer würzen und 2 TL Zitronensaft oder Weinessig vorsichtig unterrühren.

ZUTATEN

- 4 gr. Bärlauch-Blätter
- 4 EL Mayonnaise, selbst gerührt oder als Fertigprodukt
- 4 EL Frischkäse
- 1 EL Tomatenketchup
- Salz, Pfeffer aus der Mühle
- ein paar Tropfen Tabasco
- 2 reife Avocados
- Saft von ½ Zitrone
- 2 Schalotten
- 2 Knoblauchzehen
- 1 EL Butter
- 4 küchenfertige Riesengarnelen
- 1 TL Kurkuma, Salz, Pfeffer

Garnierung

- 4 Bärlauch-Blätter
- 2 Cocktailtomaten

Eingewickelte Bärlauch-Köstlichkeiten

DIE GRIECHISCHEN/TÜRKISCHEN DOLMA(DES), GEFÜLLTE WEINBLÄTTER, STANDEN HIER PATE

5 Bärlauch-Blätter sehr fein hacken und unter den Frischkäse geben, mit Salz, Pfeffer, Tomatenketchup und Kurkuma würzen.

Je 3 Blätter (ohne Stiel) überlappend auslegen und 1 EL der Frischkäsecreme darauf verteilen; zu einem kleinen festen Paket einrollen.

Die Röllchen werden zusätzlich durch Blütenstängel fixiert. Dazu die Blätter zunächst vorsichtig mit einem Zahnstocher durchstechen, durch dieses Loch einen Blütenstängel führen und das Ganze hübsch drapieren.

Anstelle von Frischkäse kann als edlere Variante pochiertes, fein gehacktes Fischfilet von Edelfisch verwendet werden.

ZUTATEN

Für 8 Röllchen

- 24 Bärlauch-Blätter
- 150 g Frischkäse
- 5 Bärlauch-Blätter für die Füllung
- Salz, Pfeffer
- 1 EL Tomatenketchup
- 1 TL Kurkuma
- Zahnstocher
- 8 Blütenstängel

Schinken mit Bärlauch-Sahnecreme

ZUTATEN

- 5 gr. Bärlauch-Blätter
- 125 g Schlagsahne
- Salz, frisch gemahlener Pfeffer
- Zitronensaft
- 1 kl. Bund Schnittlauch
- 4 gr. Scheiben guter gekochter Schinken

Garnierung

- 4 Bärlauch-Blätter

Die kalte Sahne steif schlagen, mit Salz, Pfeffer und Zitronensaft abschmecken. Fein gehackte Bärlauch-Blätter und circa 1 EL Schnittlauchröllchen vorsichtig unterheben. Jeweils ¼ der Creme auf einer Schinkenscheibe verteilen und einrollen. Mit den übrigen Blättern garnieren.

Bärlauch-Suppe

ZUTATEN

- 2 Handvoll Bärlauch-Blätter
- 2 Dolden Bärlauch-Früchte (Beeren)
- 2 Dolden Bärlauch-Blüten, abgezupft
- 500 g mehlig kochende Kartoffeln
- 2 Schalotten, fein gewürfelt
- 50 g Butter
- 1 l Gemüsebrühe (aus dem Glas oder selbst zubereitet)
- 100 g Schlagsahne
- Salz
- Pfeffer, frisch gemahlen
- 1 EL Crème fraîche

Die Kartoffeln schälen und klein würfeln. Kartoffel- und Schalottenwürfel in einem größeren Topf in zerlassener Butter andünsten, mit der Gemüsebrühe auffüllen und das Ganze 10 Minuten köcheln lassen.

Die gewaschenen, geschnittenen Bärlauch-Blätter zugeben und alles gemeinsam weitere 10 Minuten gar werden lassen. Danach pürieren.

Die Sahne zufügen und mit Salz und Pfeffer abschmecken.

In eine vorgewärmte Suppenterrine füllen. In der Mitte mit einem Klacks Crème fraîche, den man mit einer Gabel schlierig zieht, und den Früchtedolden garnieren. Die abgezupften Blüten rundherum streuen.

Gebratenes Lachsfilet auf Bärlauch-Giersch-Spinat

Giersch und Bärlauch waschen, trocken tupfen und die dicksten Giersch-Stängel wegknipsen. 4 der Bärlauch-Blätter beiseite legen für später. Die restlichen Kräuter grob schneiden.

Butter und Olivenöl in einem Topf erhitzen, die Zwiebelwürfel und den gehackten Knoblauch zugeben, kurz andünsten, danach das Wildgemüse zufügen und etwa 5 Minuten bei mittlerer Hitze zugedeckt zusammenfallen lassen. Mit Salz, Pfeffer und Muskat kräftig würzen. Warm stellen.

Zitrone halbieren, eine Hälfte auspressen. Die Lachsfilets mit dem Zitronensaft beträufeln, salzen, pfeffern. Die Lachsfilets im heißen Butter-Öl-Gemisch von jeder Seite 3 bis 4 Minuten braten (je nach Dicke).

Den Wildgemüse-Spinat auf vorgewärmte Teller geben und die Lachsfilets darauf platzieren. Die Filets jeweils obenauf mit einem Bärlauch-Blatt – das an ein Schiffssegel erinnert – garnieren.

ZUTATEN

- 2 Handvoll Giersch-Blätter
- 1 Handvoll Bärlauch-Blätter
- 1 EL Butter
- 2 EL Olivenöl
- 1 Knoblauchzehe, fein gehackt
- 2 Schalotten, fein gewürfelt
- Salz
- weißer Pfeffer aus der Mühle
- Muskat, frisch gerieben
- 2 TL Zitronensaft
- 4 küchenfertige Lachsfilets (je ca. 160 g)
- 1 Zitrone (½ Zitrone zum Auspressen, die andere Hälfte aufschneiden als Garnierung)
- Salz, Pfeffer aus der Mühle
- 1 EL Butter
- 1 ordentlicher Schuss Olivenöl

Bärlauch-Essig

Den frisch gepflückten Bärlauch waschen. Anschließend in dem Apfelessig zugedeckt 2 Wochen ziehen lassen; danach filtern und den Essig in hübsche Flaschen umfüllen.

Gefiltert wird durch ein Leinentuch und zum Schluss durch einen Kaffeefilter, damit wirklich alle festen Bestandteile entfernt werden. Wichtig dabei: sauber und akribisch zu arbeiten – eventuell auch ein zweites Mal zu filtern –, sonst gibt es schleimige Rückstände.

Der Essig entzieht den Pflanzen die wasserlöslichen Wirkstoffe und erhält dadurch seinen Wohlgeschmack.

ZUTATEN

- 1 l Apfelessig
- 10–15 Bärlauch-Blätter

Wiesen-Schaumkraut

Cardamine pratensis

EINE BLUME AUF HIMMELFAHRT

Der Name Schaumkraut rührt her von der Anmutung einer Wiese, bedeckt mit hellem Blütenschaum. Zudem nennt man es Himmelfahrtsblume, da es anlässlich Christi Himmelfahrt – 39 Tage nach Ostersonntag – zu höchsten Ehren gelangt: In katholischen Gegenden führen die noch immer traditionell an den drei Tagen vor der »Auffahrt« stattfindenden Himmelfahrtsprozessionen über bunte Blütenteppiche aus Wiesen-Schaumkraut und Löwenzahn zu den Kapellen oder errichteten Altären, wo für eine gute Ernte gebetet wird. Das Weißlila der zarten Blüten spielt dabei eine tragende Rolle im Farbenreigen des Umzugs. Und so kurz das Leben des Schaumkrauts ansonsten im Jahreszeiten-Kalender ist: Bei diesem religiösen Fest trumpft es mächtig auf.

Auf einem feinen, hohen Stängel wiegen sich zarte kleine hell-lila bis weiße Blütenkronen. Die feingliedrigen Blättchen verstecken sich oft zwischen den Wiesengräsern – beim Sammeln einfach mit den Fingern am Stängel entlangfahren, dann fühlt man sie.

Der Geschmack der Blüten und Blätter gleicht dem von Kulturkresse oder Meerrettich, aber das ätherische Öl ist pfeffriger und aromatischer. Vorsicht also bei der Zugabe von ähnlichen Geschmackskomponenten, sonst entsteht allzu leicht eine kulinarische Konkurrenz! Hier geht probieren über studieren.

STANDORT

Auf nährstoffreichen, feuchten Wiesen, an Flussufern und lichten Auenwäldern.

HEILWIRKUNG

Ein Wildkraut, reich an Vitamin C, das im Frühjahr vor Immunschwäche und Infektionen schützt und in der Winterzeit den trägen Stoffwechsel antreibt.

VERWENDUNG IN DER KÜCHE

In Quarkspeisen, Wildkräuter-Salaten, vegetarischen Kartoffelklößen sowie Saucen zu Fisch und Fleisch.

SAMMELZEIT

April bis Juni – die kurze Wuchsperiode des Schaumkrauts gilt es klug zu nutzen.

SELBST GEBEIZTER LACHS MIT WIESEN-SCHAUMKRAUT

Selbst gebeizter Lachs mit Wiesen-Schaumkraut

Die Wiesen-Schaumkraut-Blüten ins Wasser und beiseite stellen.

Für das Beizen eignet sich am besten eine große halbhohe, eckige Form. Zunächst die Wildkräuter waschen und vorsichtig mit Küchenpapier trocken tupfen. Salz und Zucker in einer Schüssel gut vermengen, Gewürze und gezupfte Kräuter zugeben. Zum Schluss den abgekühlten grünen Tee dazugießen, umrühren.

Das Lachsfilet quer halbieren und in der Form von allen Seiten gut mit der Kräuter-Beize bestreichen; dabei circa ¼ der Beize zurückbehalten. Die beiden Filethälften mit der Haut nach außen aufeinanderlegen. Das »Lachspaket« komplett mit der restlichen Beize bedecken, die Form mit Folie abdecken und in den Kühlschrank stellen.

Nach 24 Stunden ist der Beizvorgang abgeschlossen. Im Anschluss die Kräuter-Beize abstreifen, den Fisch gut abspülen, bis sämtliche Salz-Zucker-Reste entfernt sind; ein paar verbleibende Kräuter hingegen sind dekorativ und stören nicht.

Nun folgt die »Grätenprobe«: Vorsichtig mit den Fingern über die Fischoberfläche fahren, eventuelle Gräten entfernt man am besten mit einer Pinzette. Das geht ganz leicht, denn sie sind fest und kompakt.

Den Lachs mit Küchenpapier trocken tupfen und im Kühlschrank unbedeckt ein paar Stunden gut abtrocknen lassen. Er hält sich, in Alufolie eingepackt und gekühlt, danach gut eine Woche.

Zum Servieren die Filethälften schräg gegen die Maserung hauchdünn aufschneiden. Je feiner, desto besser. Den so tranchierten Lachs zu einer Rosette auffächern. Die Wiesen-Schaumkraut-Blüten aus dem Wasser nehmen und großzügig über den Lachs geben. So erhält der gebeizte Lachs zusätzlich eine pfeffrige Note.

Der Lachs kann gut vorbereitet werden, sodass der Gastgeber genügend Zeit hat, sich um seine Gäste zu kümmern. Außerdem punktet man mit einem besonders köstlichen Gericht.

ZUTATEN

- 1 Handvoll frische Wiesen-Schaumkraut-Blüten
- 1 Handvoll gemischte Wildkräuter (z. B. Sauerampfer, Giersch, Gundermann, Knoblauchsrauke, Wiesen-Schaumkraut)
- 500 g grobes Salz
- 500 g Zucker
- 2 Nelken
- 5 frische Lorbeerblätter
- 10 Pfefferkörner
- 250 ml grüner Tee
- 1 kg Bio-Lachsfilet am Stück (mit Haut)

Kräuterquark mit Wiesen-Schaumkraut

ZUTATEN

- 1 Strauß Wiesen-Schaumkraut
- 250 g Quark (Fettstufe nach Gusto)
- 100 ml Milch
- 1 Zwiebel
- Salz nach Geschmack

Quark und Milch glatt rühren, Zwiebel fein schneiden und mit etwas Salz unterrühren. Blüten und Blätter des Wiesen-Schaumkrauts fein zupfen und behutsam unterheben.

Der Quark passt hervorragend zu frischen Kartoffeln.

Wiesen-Schaumkraut-Sauce zu Fisch und Eierspeisen

ZUTATEN

- 1 Bund Wiesen-Schaumkraut
- 3 EL Butter
- 3 EL Mehl
- 125 g Schlagsahne
- 250 ml Gemüsebrühe
- Salz

Butter in einer Kasserolle zergehen lassen, Mehl unter Rühren zufügen, bis alles verbunden ist. Die Sahne zugeben und alles kurz aufkochen lassen. Gezupfte Blüten und Blätter vom Wiesen-Schaumkraut in die Sauce geben. Anschließend so viel Brühe hinzugießen, bis die Sauce die gewünschte sämige Konsistenz hat. Mit Salz vorsichtig würzen, abschmecken.

Wiesen-Schaumkraut-Essig

ZUTATEN

- 10–15 Stängel vom Wiesen-Schaumkraut
- 1 l Weinessig (mind. 5 % Säuregehalt)

Die frisch gepflückten Pflanzenstängel bei Bedarf säubern, aber nicht waschen. Die Blüten alle abzupfen und in dem Weinessig zugedeckt 2 Wochen ziehen lassen; danach filtern und den Essig in hübsche Flaschen umfüllen.

Gefiltert wird durch ein Leinentuch und zum Schluss durch einen Kaffeefilter, damit wirklich alle festen Bestandteile entfernt werden. Wichtig dabei: sauber und akribisch zu arbeiten – eventuell auch ein zweites Mal zu filtern –, sonst gibt es schleimige Rückstände.

Der Essig entzieht den Blüten die wasserlöslichen Wirkstoffe und erhält dadurch seinen Wohlgeschmack.

Vegetarische Kartoffelklöße mit Wiesen-Schaumkraut

Die frisch gekochten Kartoffeln zerdrücken. Das Wiesen-Schaumkraut fein hacken und mit Kartoffelmus, Ei und Mehl (nach Bedarf) zu einem festen Kloßteig vermengen.

Mit der Hand runde Klöße formen und diese in kochendes Salzwasser geben. Wenn die Klöße an die Wasseroberfläche kommen, sind sie gar.

Die pfeffrig-würzige Note des Wiesen-Schaumkrauts gibt den Kartoffelklößen einen äußerst pikanten Geschmack.

Dazu passt ein frischer Wildkräutersalat.

ZUTATEN

- 2 Handvoll Wiesen-Schaumkraut
- 6 gekochte Kartoffeln mittlerer Größe
- 1 Ei
- etwas Mehl (abhängig von der Konsistenz der Kartoffeln)

Pistou von Wiesen-Schaumkraut

EINE ART FRISCHES PESTO AUS DER PROVENCE

Wiesen-Schaumkraut waschen, trocknen und sehr fein schneiden.

Mandeln, Zitronensaft und Öl sorgfältig mit den Kräutern vermengen, kräftig würzen.

Das »Pesto« in ein verschließbares Glas füllen und oben mit etwas Öl bedecken zwecks besserer Haltbarkeit.

Schmeckt gut zu Spaghetti, aber auch als Bruschetta-Aufstrich.

ZUTATEN

- 3 Handvoll Wiesen-Schaumkraut-Blüten und -Blätter
- 1 EL abgezogene, fein gehackte Mandeln
- Saft von ½ Zitrone
- 2 EL Olivenöl
- Salz
- weißer Pfeffer aus der Mühle

Blüte vom Schwarzen Holunder

Sambucus nigra

SÜSSER GENUSS VOM HEILIGEN BAUM

Nur wenigen Wildpflanzen – wobei es sich hier um einen regelrechten Strauch handelt –, haben unsere Vorfahren so viel Respekt entgegengebracht wie dem Holunder. Heilen, Ernähren, das Kinderherz erfreuen: Das alles gehört zu seinem Wesen.

In prähistorischen Funden hat man Holunder-Samen entdeckt. Im Römischen Reich unterstützte der Sambucus mit seinen Blättern die Blutreinigung, während sein Saft den Damen von Adel gute Dienste leistete als kosmetischer Helfer zum Erhalt der dunklen Haarfarbe. Und noch heute schnitzen sich Kinder wie schon vor Generationen aus den holzigen Zweigen des Holunders zart klingende Blockflöten oder »bizzelnde« Blasrohre, dazu muss nur das Innenmark entfernt werden.

Von der Antike bis zum Mittelalter – und teils noch heute im Volksglauben – galt der Holler als heiliger Baum. Man vermutete dort den Sitz guter Hausgeister und überlegte sich deshalb dreimal, den wuchsfreudigen Strauch zu fällen. Noch heute ziehen im süddeutschen Raum die alten Männer ehrerbietig den Hut, wenn sie an einem Hollerbusch vorbeigehen: als Dankeschön für seinen doppelten Reichtum, die überschwängliche Blütengabe im Frühjahr und die »Gesundbrunnen-Beeren« im Herbst. Unzählige Sagen und Märchen ranken sich zudem um den eigenwilligen schwarzen Gesellen.

Wir pflücken die Holunder-Blüten am besten morgens bei trockenem Wetter. Das garantiert bestes Aroma und mindert die Schimmelanfälligkeit. Von ein und demselben Busch ernten wir jeweils nur einen Teil der Blütendolden, um später noch in den Genuss der Beeren zu kommen. Die Dolden gut ausschütteln, um allen kleinen Insekten darin die Freiheit wiederzugeben, und bei Bedarf eventuelle noch grüne Knospen oder bereits Verblühtes entfernen.

STANDORT

Der Schwarze Holunder liebt feuchte, aber auch steinige Plätze wie Waldränder, Flussufer, Hohlwege, Schluchten und manchmal auch den Garten.

HEILWIRKUNG

Die Blüte enthält Flavonoide, ätherische Öle, Gerb- und Schleimstoffe sowie viele Vitamine der B-Gruppe (B1, B2, B12). Blütentee vom Holler ist seit Langem beliebt als Hilfe gegen Erkältungskrankheiten und fieberhaften Erkrankungen sowie bei der Schmerzbekämpfung.

VERWENDUNG IN DER KÜCHE

Für die Süßmäuler unter uns: ausgebackene Blüten als »Hollerküchle«, Holunder-Blüten-Sirup, -Milch und -Creme.

SAMMELZEIT

Später Mai bis Juli.

Holunder-Blüten-Sirup

ERGIBT GESPRITZT MIT MINERALWASSER ODER SEKT EIN KÖSTLICH ERFRISCHENDES SOMMERGETRÄNK

ZUTATEN

- 12–15 Dolden Holunder-Blüten
- 3 l Wasser
- 2 kg Zucker
- 3 ungespritzte Zitronen
- 60 g Zitronensäure

Das Wasser aufkochen, den Zucker zugeben und so lange köcheln lassen, bis sich der Zucker aufgelöst hat. Auskühlen lassen und eine Tasse Zuckersirup beiseite stellen.

Die Blütendolden gut ausschütteln und auf verbliebene Kleininsekten prüfen; in keinem Fall aber waschen! Die dickeren Stängel entfernen.

Die Zitronen waschen, in Scheiben schneiden und mitsamt den Blüten in ein großes Glas von mindestens 5 l Inhalt geben, mit der abgekühlten Zuckerlösung übergießen. Im beiseite gestellten Zuckersirup die Zitronensäure auflösen, ebenfalls ins Glas gießen, einmal vorsichtig umrühren. Den Sud mit einem Tuch abgedeckt für fünf Tage kühl stellen.

Danach durch ein Tuch absieben und in saubere Flaschen mit dicht schließendem Gummiverschluss abfüllen. Kühl gelagert (um ein eventuelles Gären zu vermeiden), hält sich der Sirup bis zur nächsten Blütezeit. Falls sich in den Flaschen kleine Klümpchen zeigen, rührt das vom Blütenstaub her und beeinträchtigt die Qualität nicht.

Ausgebackene Hollerküchle

ZUTATEN

- 12 kl. bis mittelgr. Holunder-Blüten-Dolden
- 3 Eier (Eigelb und Eiweiß getrennt)
- 200 g Mehl
- 2 EL Öl
- 1 Pck. Vanillinzucker
- 1 Pr. Salz
- 0,4 l Flüssigkeit nach Gusto: Milch, Wein, Bier
- Fett zum Ausbacken
- Puderzucker

Eigelb, Mehl, Öl, Vanillinzucker, Salz und die bevorzugte Flüssigkeit zu einem Teig verrühren. Das steif geschlagene Eiweiß unterziehen.

Die gut ausgeschüttelten Holunder-Blüten in die Masse tunken und im heißen Fett goldgelb ausbacken.

Die »Küchle« kurz auf Küchenkrepp abtropfen lassen, mit Puderzucker bestreuen und sofort servieren.

AUSGEBACKENE HOLLERKÜCHLE

Holunder-Blüten-Creme

ZUTATEN

Für den Sirup (2 l)

- gut 20 Holunder-Blüten-Dolden
- 3 unbehandelte Zitronen
- 20 g Ascorbinsäurepulver
- 1 l Wasser
- 1 kg Zucker

Für die Creme

- 3 Blatt weiße Gelatine
- 50 ml Weißwein
- 150 ml vom Holunder-Blüten-Sirup
- 200 g Schlagsahne

DEN KÖSTLICHEN SIRUP KOCHEN

Blütendolden sorgfältig ausschütteln und ein paar der Blüten für die Garnierung beiseite legen.

Die von den Stängeln befreiten Blüten, die in Scheiben geschnittenen unbehandelten Zitronen und die Ascorbinsäure in ein Gefäß geben und mit Wasser übergießen, vorsichtig einmal umrühren. Für zwei Tage zugedeckt kühl stellen.

Die Flüssigkeit durch ein Tuch in einen Kochtopf filtern, den Zucker zufügen, das Ganze aufkochen lassen und rühren, bis der Zucker sich gelöst hat. In Flaschen füllen.

DIE CREME ZUBEREITEN

Die Gelatine in kaltem Wasser 10 Minuten einweichen lassen, ausdrücken. 20 ml des Weines leicht erwärmen und die Gelatine darin auflösen; dafür gleich ein größeres Gefäß nehmen.

Den Holunder-Blüten-Sirup mit dem restlichen Wein mischen, in die aufgelöste Gelatine gießen, unterrühren. Die Mischung kalt stellen und dabei ständig kontrollieren: Wenn die Flüssigkeit anfängt zu gelieren (= fester zu werden), die steif geschlagene Sahne unterheben.

Die Creme in eine große Schale füllen oder einzeln portioniert servieren, mit einigen Holunder-Blüten garnieren.

Holunder-Blüten-Essig

EINE FRANZÖSISCHE SPEZIALITÄT

Man nimmt für Fisch- oder Geflügelgerichte einen weißen Essig, für Wild- oder Rindfleischgerichte einen Rotweinessig.

Die Holunder-Blüten-Dolden gut ausschütteln, um eventuelle »Bewohner« zu entfernen. Die großen Stiele abschneiden. Die Dolden in eine große, helle Flasche stecken, mit dem Essig auffüllen, verschließen.

Den Inhalt 14 Tage lang in einem warmen Raum durchziehen lassen. Dann filtern, in eine dunkle Flasche abfüllen und kühl stellen.

Dieser sehr würzige Essig hält sich viele Monate lang und bereichert die oben erwähnten Speisen oder auch frische Salate.

ZUTATEN

- 2 mittelgr. Holunder-Blüten-Dolden
- 750 ml guter Weinessig (weiß oder rot)

Holunder-Blüten-Milch

Die gut ausgeschüttelten Dolden – der dicke Mittelstängel wird entfernt – kurz in der Milch aufkochen lassen, absieben. Den Honig in der Milch auflösen, Rum oder Cognac zufügen und die Eigelb unterrühren.

Der Alkohol gibt einen zusätzlichen Pfiff, kann aber auch entfallen. Die Holunder-Blüten-Milch überzeugt durch ihren köstlichen Geschmack und tut zudem gut bei Erkältung.

ZUTATEN

- 5–6 Holunder-Blüten-Dolden
- 1 l Milch
- 4 EL Honig
- 2 cl Rum oder Cognac
- 3 Eigelb

Knoblauchsrauke

Alliaria petiolata

DIE GESELLIGE WÜRZIGE

Sie steht ungern alleine. In Gesellschaft mit ihren Artgenossen fühlt sie sich am wohlsten. An diesem Klüngel findet auch die Brennnessel Gefallen, denn hier wird sie nicht schief angesehen. Zudem stimmen die Größenverhältnisse: Keine schaut auf die andere hinunter. Und man liebt die gleichen Bodenverhältnisse. Kurzum: Es herrscht ein unspektakuläres Miteinander.

Die Knoblauchsrauke kann eine stattliche Höhe von 70 bis 80 Zentimetern erreichen, wenn sie ihr genehme Lebensbedingungen vorfindet. Dann wiegen sich ihre weißen Blütenknöpfchen auf dem langen Stängel und sie unterhält sich fröhlich mit ihren »reizenden« Nachbarinnen.

Reibt man an ihren hübschen, herzförmig gezahnten Blättern, steigt einem nicht von ungefähr ein angenehmer Knoblauchduft in die Nase – sie ist eine entfernte Geschmacksverwandte von Bärlauch und Knoblauch, aber viel dezenter und vornehmer, sozusagen die Adlige in der Knoblauchdynastie. Ist die Bärlauchsaison im zeitigen Frühjahr vorbei, findet man in der Knoblauchsrauke willkommenen Ersatz.

Nach der Blütezeit erscheinen am Stiel lange, schmale dünne »Stängel«, die sich zu Schoten (Samenträgern) entwickeln. Wenn sie anfangen aufzuspringen, kann man die schwarzen Körner absammeln und wie Senfkörner verwenden. Sie sind nur viel frischer und knackiger und geben allen Speisen einen delikaten Geschmack.

STANDORT

An Laubwaldrändern, Hecken, Zäunen, an Gebüschen. Das Knoblauchskraut (ihr Zweitname) liebt feuchte, schattige, gern lehmige und stickstoffhaltige Standorte; ist der Boden gut feucht, verträgt es auch Sonne.

HEILWIRKUNG

Schon im Mittelalter war die antibakterielle und schweißtreibende Wirkung der Knoblauchsrauke bekannt. Durch ihre Saponine und das Senfölglykosid, ihr Provitamin A und Vitamin C und ihre ätherischen Öle besitzt sie einen antiseptischen Effekt. Sie hilft bei Erkrankungen der Atmungsorgane und ist leicht harntreibend.

VERWENDUNG IN DER KÜCHE

Als Salatbeigabe, als Brotaufstrich, mit frischem Senf, als frische kalte Suppe oder vegetarische Hauptmahlzeit.

SAMMELZEIT

Blütezeit ist von April bis Juli; die Blüten und Blätter kann man fast den ganzen Sommer über sammeln.

Vegetarisches Duett von Kartoffeln und Nudeln mit Knoblauchsrauke

ZUTATEN

- 20 gr. Knoblauchsrauke-Blätter (= 4 EL klein gehackt)
- 750 g Kartoffeln
- 500 g Bandnudeln
- 60 g Walnüsse
- 60 g frisch geriebener Cheddar
- 15 g zerlassene Butter
- 3 EL Olivenöl
- 30 g frisch geriebener Parmesan
- 15 g zerlassene Butter
- etwas vom Kartoffel-Nudel-Kochwasser

Kartoffeln schälen und in dünne Scheiben schneiden, bei großen Scheiben diese halbieren.

Salzwasser in einem Topf zum Kochen bringen, erst die Kartoffeln 5 Minuten garen lassen, dann die Nudeln zugeben und zusammen fertig garen.

In der Zwischenzeit die Sauce auf den Weg bringen: Gehackte Knoblauchsrauke, Walnüsse, Cheddar und zerlassene Butter zusammen in einem Mörser zerreiben. Dieses Gemisch in eine Schüssel umfüllen und langsam das Öl unterrühren, bis eine cremig-dicke Masse entsteht. Falls nötig, noch etwas mehr Öl tropfenweise zugeben.

Probieren, ob Kartoffeln und Nudeln gar sind, Kochwasser abgießen, jedoch ein wenig davon aufheben. Das Gargut in eine angewärmte Schüssel geben, den Parmesan mit der zerlassenen Butter vermischen und unterheben.

Die dickflüssige Sauce, sofern nötig, mit etwas Kochwasser verdünnen und über die Kartoffeln und Nudeln gießen.

Brotaufstrich mit frischem Rauke-Senf

ZUTATEN

- 1 gr. Handvoll frische Knoblauchsrauke
- 250 g Frischkäse
- 2 EL Joghurt oder Schmand
- ½ TL Meersalz
- ½ TL körniger Senf (bevorzugt aus den Samen der Knoblauchsrauke)

Die Blätter der Knoblauchsrauke gut waschen, abtropfen lassen und fein schneiden. Frischkäse mit Joghurt glatt rühren und die geschnittenen Blätter untermischen. Mit Salz und Senf abschmecken. Am besten über Nacht in den Kühlschrank stellen, damit sich der zarte Knoblauchgeschmack mit seiner angenehmen, sehr besonderen Schärfe entfalten kann.

SELBST GEMACHTER SENF (NICHT NUR FÜR DEN BROTAUFSTRICH)
10 bis 15 Schoten von der Knoblauchsrauke öffnen, mit etwas Weinessig und Salz nach Ermessen zu einem grobkörnigen Mostrich im Mörser zerstampfen.

Knoblauchsrauke-Kaltschale

Die Weißbrotscheiben entrinden und in kleine Würfel schneiden, dabei davon zwei Scheiben beiseite stellen um später Croûtons herzustellen.

Die Mandeln und die 20 gehackten Blätter Knoblauchsrauke im Mixer oder mit dem Pürierstab fein zerkleinern. Öl in einem Topf erhitzen und das Mandel-Kräuter-Gemisch mit den Würfeln von vier Scheiben Weißbrot bei mittlerer Hitze andünsten, bis das Brot goldbraun ist.

Hühnerbrühe und Wein dazugeben, mit Salz und Pfeffer würzen und das Ganze erneut fein mixen/pürieren, bis eine cremige Suppe entstanden ist. Die 10 sehr fein geschnittenen Rauke-Blätter unterrühren, die Suppe kalt stellen.

Vor dem Servieren abschmecken, bei Bedarf nachwürzen. Die zurückbehaltenen Brotwürfel goldbraun anrösten und die Kaltschale mit den Croûtons garnieren.

ZUTATEN

- 20 Blätter Knoblauchsrauke, gehackt
- 10 Blätter Knoblauchsrauke, extra fein geschnitten
- 6 Scheiben Weißbrot
- 15 geschälte Mandeln
- 2 EL Olivenöl
- 600 ml Hühnerbrühe
- 150 ml trockener Weißwein
- Salz, weißer Pfeffer

Gegrillte Tomaten mit Knoblauchsrauke

Die Knoblauchsrauke waschen, die Blätter abzupfen und halbieren.

Von den gewaschenen Tomaten oben jeweils einen Deckel abschneiden. Die Knoblauchsrauke-Blätter auf die »geöffneten« Tomaten verteilen, kräftig salzen und pfeffern und die Deckel wieder auflegen.

Vier gleich große Stücke Alufolie abschneiden, ausreichend fürs Einwickeln einer Tomate. Die Folie gut mit Olivenöl bestreichen, die Tomaten mittig aufsetzen und dicht schließend umwickeln.

Die Tomaten brauchen auf dem Grill ungefähr 10 Minuten, bis sie gar sind, und schmecken köstlich als Beilage zu Grillgut sowie mit geröstetem Brot.

Außerhalb der Grillsaison lassen sich die Tomaten auch prima im auf 200 °C vorgeheizten Backofen zubereiten.

ZUTATEN

- 4 Zweige Knoblauchsrauke
- 4 Fleischtomaten
- Salz
- Pfeffer aus der Mühle
- Olivenöl
- Alufolie

LEGIERTE SUPPE MIT KNOBLAUCHSRAUKE UND SAUERAMPFER

Legierte Suppe mit Knoblauchsrauke und Sauerampfer

In einem größeren Topf die Butter erhitzen und das Mehl unter ständigem Rühren hinzufügen; dabei darauf achten, dass es keine Farbe annimmt. Langsam die erwärmte Bouillon zugießen und alles einmal aufkochen lassen. Milch, Salz und geriebenen Muskat zufügen und die Suppe nochmals 30 Minuten köcheln lassen. Vom Herd nehmen und unter kräftigem Rühren die Eigelb zugeben.

Während die Suppe kocht, die Wildkräuter in feine Streifen schneiden. Die Blätter der Knoblauchsrauke in kochendem Salzwasser 2 Minuten blanchieren und sofort kalt abschrecken.

In einer Pfanne die Brotwürfel knusprig rösten und beiseite stellen.

Dann die Butter in der ausgewischten Pfanne erhitzen, die Knoblauchsrauke und den Sauerampfer darin kurz andünsten.

Zum Servieren das gedünstete Wildkraut auf die Teller verteilen, die Suppe darübergeben und zum Schluss mit den Brotwürfeln garnieren.

ZUTATEN

Für die Brühe
- 50 g Butter
- 80 g Mehl
- 1 l Rinderbouillon
- 1 l Milch
- Salz, Muskatnuss
- 3 Eigelb

Für die Einlage
- 1 Tasse Sauerampfer
- 2 Tassen Knoblauchsrauke
- 1 EL Butter
- 1 Tasse Brotwürfel

Knoblauchsrauke-Gugelhupf

4 Blätter Knoblauchsrauke für die Garnierung beiseite legen. Die übrigen Blätter fein hacken.

Hefe in die leicht erwärmte Milch bröseln, Zucker unterrühren. Für 10 Minuten an einem warmen Ort gehen lassen.

Butter schmelzen lassen. Das Mehl in eine Schüssel geben, zerlassene Butter, Salz, Pfeffer, das Ei und die aufgegangene Hefe zufügen. Alles zu einem glatten Teig verkneten und nochmals für 45 Minuten zugedeckt gehen lassen.

Den Backofen auf 180 °C vorheizen.

Die gehackten Knoblauchsrauke-Blätter, die 2 TL Wildkräuter und den Käse zum gut aufgegangenen Teig geben, gründlich durchkneten, in die gefettete Gugelhupfform füllen und für 60 Minuten backen.

Nach dem Abkühlen aus der Form stürzen, aufschneiden und mit den frischen Blättern garnieren. Dazu munden köstlich Butter, grobes Meersalz – und ein Glas Wein!

Diesen Gugelhupf kann man mit vielen anderen Kräutern zubereiten – je nach Geschmacksvorlieben!

ZUTATEN

Für 12 Stücke
- 4 Stängel Knoblauchsrauke
- 2 TL getrocknete, gerebelte Quendel-Blätter (oder andere Trockenkräuter)
- 1 Würfel frische Hefe (42 g)
- 200 ml Milch
- 1 Pr. Zucker
- 75 g Butter
- 375 g doppelgriffiges Mehl
- 1 TL Salz
- 1 Pr. Pfeffer
- 1 Ei
- 50 g frisch geriebener Emmentaler
- 1 Gugelhupfform

Echter Beinwell

Symphytum officinale

DAS KNOCHENHEILERKRAUT

Blätter und Wurzeln gleichermaßen besitzen so viele wertvolle Inhaltsstoffe, dass der Beinwell – äußer- und innerlich angewendet – bei Knochenbrüchen und schlecht heilenden Wunden eine erstaunliche Besserung bewirken kann. Darauf verweisen auch die beiden Bestandteile seines Namens: »Bein« und »well« (engl. gut), also ein Kraut, das den Beinen gut tut. Schon die alten Griechen und deren berühmter Arzt Dioskurides wussten um dessen Heilwirkung, und von Paracelsus bis Hildegard von Bingen nutzten zahlreiche Ärzte und Heiler die Kraft dieser Wildpflanze.

Dieses uralte Wissen hat sich bis in unsere Zeit hinein erhalten. Und als Autorin dieses Kräuterkochbuches kann ich – nach einer komplizierten Armfraktur – die nachhaltige Wirkung von Beinwell nur bestätigen.

Die überaus ausdauernde Pflanze vermag eine stattliche Höhe von 80 Zentimetern zu erreichen. Sie ist keine botanische Schönheit im üblichen Sinne: Die Blätter sind haarig und kratzbürstig, sitzen an einem rauen, kantigen Stängel. In der Blütezeit im Mai hängen die rosafarbenen bis violetten Blüten in Traubenform an den Stielenden und nicken uns freundlich zu.

Trotz seiner vermeintlich abweisenden Rauheit ist der Beinwell eine große Bereicherung; er hat sich mittlerweile – wie sein Verwandter im Kulturgarten, der Borretsch, – als Wildkraut einen festen Platz in der Küche erobert. Er gehört zu der weit verbreiteten Familie der Borretschgewächse. Allerdings sollte der wilde Geselle in Maßen genossen werden und nicht jeden Tag auf dem Speiseplan stehen, wegen der nur in geringem Umfang enthaltenen Alkaloide. Das gilt aber für viele andere Dinge im Leben ebenso …

STANDORT

Er liebt es feucht. Man findet ihn in der Nähe von Wassergräben, an Waldrändern und Uferböschungen, und zwar bis hinauf in 1.500 Meter Höhe. Die Landwirte sehen den Beinwell auf ihren Wiesen eher ungern, da er für das Vieh allzu rau-borstig ist und zudem dem Boden viele Nährstoffe entzieht.

HEILWIRKUNG

Die Heilkraft des Beinwells ist wesentlich länger bekannt als seine Küchentauglichkeit. Blätter und Wurzeln punkten mit einer beachtlichen Menge Allantolin, Schleim- und Gerbstoffen, Asparagin, Flavonoiden, Harzen, Kieselsäuren, Alkaloiden und Vitamin B 12. Allantolin fördert die Zellbildung; Cholin (in der Wurzel) erweitert die Gefäße in der Haut und fördert die Durchblutung.

VERWENDUNG IN DER KÜCHE

Die Blätter, fein geschnitten, ergeben in Salaten eine gute Würze, die der von Borretsch in nichts nachsteht. Die Stängel können blanchiert als Spargelersatz oder aber kurz gebraten gegessen werden. Die Wurzeln erfreuen ebenfalls die Geschmacksknospen.

SAMMELZEIT

Von März bis Juni die jungen Blätter, die Wurzeln im Frühjahr und im Herbst.

Beinwell-Walnussbrot

ZUTATEN

- 10 Beinwell-Blätter
- 150 g Weizenmehl (Typ 550)
- 350 g Dinkelmehl
- 250 ml Wasser
- 1 Pck. Trockenhefe
- 1 EL Zucker
- 150 g gehackte Walnüsse
- 2 EL Walnussöl

Alle Zutaten – bis auf Beinwell, Walnüsse und Öl – in eine Rührschüssel geben. Mithilfe von Küchenmaschine oder Handmixer (Knethaken) in ungefähr 5 Minuten einen geschmeidigen Hefeteig herstellen. Den Teig bedeckt mit einem Tuch für 1 Stunde gehen lassen.

Danach mit den Händen nochmals kräftig durchwalken. Ist der Teig noch zu klebrig, etwas Mehl zugeben.

Die Beinwell-Blätter waschen, abtropfen lassen und in feine Streifen schneiden, in den Teig geben und gut untermengen. Nach und nach die Walnüsse unterheben. Den Teig in eine backofengeeignete gefettete Form geben und zugedeckt noch einmal 45 Minuten gehen lassen.

Den Backofen auf 200 °C vorheizen.

Aus dem Teig einen Brotlaib formen und diesen mit dem Walnussöl bepinseln. In den Ofen stellen und zugedeckt (zum Beispiel mit Alufolie) für 45 Minuten backen. Die Abdeckung entfernen und weitere 5 bis 10 Minuten backen.

Beinwell-Gazpacho

EINE KÖSTLICH-KALTE SPANISCHE SUPPE, HERRLICH ERFRISCHEND IM SOMMER!

ZUTATEN

- 8 Beinwell-Blätter
- 1 Zwiebel
- 2 Knoblauchzehen
- 6 mittelgr. reife Tomaten
- 1 Gurke
- 1 grüne Paprikaschote
- 60 g altbackenes Brot ohne Kruste
- 5 EL Olivenöl
- 5 EL Sherryessig
- 2 Pr. Cayennepfeffer
- Salz
- Pfeffer aus der Mühle
- 1 l Wasser

Die Beinwell-Blätter waschen, abtropfen lassen und sehr fein schneiden; beiseite stellen.

Zwiebel und Knoblauch schälen und klein würfeln. Die Zwiebelwürfel in eine Schüssel und den Knoblauch in einen Mixer geben.

Tomaten überbrühen und die Schale abziehen. Die Gurke schälen. Beides entkernen und würfeln. Von diesen Gemüsewürfeln jeweils 2 EL für die Garnitur beiseite stellen. Die restlichen in die Schüssel zu den Zwiebeln geben.

Die Paprikaschote halbieren, entkernen und ebenfalls klein schneiden. 1 EL bleibt zurück, den Rest ebenfalls zur Zwiebel in die Schüssel geben.

Das altbackene Brot klein würfeln, davon erneut 2 EL als Garnierung beiseite stellen. Das übrige Brot in den Mixer zum Knoblauch geben. Öl, Essig, Cayennepfeffer ebenfalls zugeben, salzen, pfeffern und das Ganze nun für 5 Minuten pürieren.

Danach das Wasser in den Mixer füllen. Nun portionsweise den Inhalt der Schüssel zugeben, jeweils zwischendurch pürieren, bis sämtliches Gemüse fein zerkleinert ist.

Das Püree durch ein Sieb in eine Suppenterrine streichen. Die fein geschnittenen Beinwell-Blätter dazugeben, unterrühren. Bei Bedarf nochmals mit Salz und Pfeffer würzen (die kalte Gemüsesuppe soll kräftig schmecken!) und für mindestens 3 Stunden im Kühlschrank kalt stellen.

Die gut gekühlte Gazpacho mit den Brot- und Gemüsewürfeln bestreut servieren.

BEINWELL-WALNUSSBROT

Brennnessel

Urtica dioica

UMGANGSFORMEN FÜR EIN WILDES, REIZENDES KRAUT

Als einer der ersten Frühlingsboten zeigt sich die Brennnessel (Urtica dioica) – und das seit Urzeiten. So vielfältig wie bereits unsere Vorfahren diese Pflanze zu nutzen wussten, wollen auch wir sie heute genießen: als köstliches Küchenkraut, Liebeselixier, Gottesgeschenk und Gesundmacher.

Sie ist ein Tausendsassa unter den Wildkräutern, mit ihr lässt sich vielerlei anfangen: Von den ersten zarten Blättern bis hin zu den späteren Samen verwenden wir die Brennnessel fast komplett in der Küche.

Besonders zart-aromatisch schmecken die frischen, jungen Triebspitzen und Blätter noch nicht blühender Pflanzen bis etwa 30 Zentimeter Höhe. Diese offerieren uns Triebspitzen und Blätter bereits im zeitigen Frühjahr.

Die Samen (Nüsschen) reifen im Sommer; die Rispen streifen wir von den weiblichen Pflanzen ab und sammeln die kleinen grünen Früchte. Sie lassen sich auch gut in getrocknetem Zustand verwenden und geben jedem Gericht einen würzigen, pfeffrigen Geschmack. Auf den Genuss dieser Früchte mussten übrigens früher die Mönche und Nonnen verzichten, denn die Nüsschen – man nennt sie auch »europäischer Ginseng« – galten als Aphrodisiakum: den Stoffwechsel anregend und kräftigend.

Nur Mut beim Probieren …!

STANDORT

Sonne oder Schatten, Garten oder Ödland, da ist die Brennnessel nicht wählerisch, aber sie liebt eher feuchte und humose Böden.

HEILWIRKUNG

Außer herb-frischem Geschmack bietet die Brennnessel eine vielfältige Heilwirkung: Reich an Vitamin A und C, Kalium, Magnesium, Eisen, Kieselsäure, Flavonoiden und Schwefel, wird sie schon im Mittelalter als die Königin der Heilkräuter beschrieben. Zudem besitzt sie eine entschlackende, harntreibende und blutreinigende Wirkung, weshalb sie häufig bei Fastenkuren als Tee Verwendung findet.

Brennnessel und Giersch ergänzen sich großartig. Zusammen bilden sie ein mildes, volles, aromatisches Duo.

VERWENDUNG IN DER KÜCHE

Als Gemüse und Pesto, in Salaten, Saucen, Suppen.

SAMMELZEIT

Von April/Mai (das junge Kraut) bis September (die Samen). Und stets nähern wir uns dem »reizenden« Kraut mit Vorsicht: Beim Sammeln geht ohne Handschuhe gar nichts!

Brennnessel-Schweinesteak-Roulade

ZUTATEN

4 Schmetterlingssteaks aus dem Schweinerücken

Für die Füllung

- 2 Handvoll Brennnessel-Triebe
- 1 Handvoll gr. Brennnessel-Blätter
- 200 ml Gemüsebrühe
- 1 gr. Zwiebel
- 150 g geräucherter Speck
- Salz, Pfeffer
- 1 EL Butter
- 1 EL Mehl
- Muskat

Für die Panade

- Salz, Pfeffer
- 2 Eier
- 2 EL Mehl
- 2 EL Semmelbrösel
- Butterschmalz zum Braten
- Zahnstocher

ZUBEREITEN DER FÜLLUNG

Die Brennnessel-Triebe waschen (mit Handschuhen, versteht sich!), die großen Blätter auf einem glatten Brett mit dem Nudelholz flach walzen, anschließend salzen. Diese Prozedur beseitigt das unangenehm brennende Nesselgift in den feinen Härchen. Die Blätter in der Gemüsebrühe blanchieren, mit der Schaumkelle herausfischen und abschrecken. Die Brühe aufheben.

Die Zwiebel schälen und würfeln, ebenso den Speck in Würfel schneiden. Letzteren in einer Pfanne anbraten, die Zwiebelwürfel dazugeben und glasig werden lassen. Brennnessel-Blätter kurz mitdünsten. Das »Triumvirat« mit Salz und Pfeffer abschmecken und etwas abkühlen lassen.

Butter in einem Topf schmelzen, das Mehl einrühren und goldgelb anschwitzen. Von der Brennnessel-Gemüse-Brühe 120 ml zufügen und unter Rühren aufkochen lassen, bis eine dick-sämige Masse entsteht; mit Pfeffer und Muskat abschmecken. Den überwiegenden Teil dieser dick-sämigen Sauce unter das Zwiebel-Speck-Wildkraut-»Gemüse« heben, dabei 6 EL zurückbehalten für den späteren Saucen-Spiegel.

DIE ROULADE BRATEN

Schmetterlingssteaks pfeffern und salzen. Zum Füllen legt man die Steaks aufgeklappt – wie ein Schmetterling mit ausgebreiteten Flügeln – auf ein großes Brett. Die Füllung auf einem der »Flügel« verteilen und das Ganze zu einer Roulade zusammenrollen. Zum Schluss das »Päckchen« mit Zahnstochern fixieren.

Die Eier verquirlen und die Roulade klassisch panieren: Erst im Mehl, dann im Ei und zum Schluss in den Semmelbröseln wenden. In einer heißen Pfanne mit viel Butterschmalz schwimmend ausbacken. Kurz auf Küchenpapier legen und das überflüssige Fett abtropfen lassen.

Die Rouladen auf einem Spiegel aus sämiger Sauce servieren (falls diese allzu dickflüssig geraten sein sollte, einfach etwas mit der restlichen Brennnessel-Gemüsebrühe verlängern).

Als Beilage schmecken Bratkartoffeln, kross und rösch.

Am besten, man lässt sich die Schweinerücken-Rouladen als »Schmetterlingsteak« gleich professionell vom Fleischermeister zuschneiden, denn das Tranchieren der recht dünnen Fleischscheiben ist ein wenig diffizil.

BRENNNESSEL-SCHWEINESTEAK-ROULADE

Brennnessel-Tortilla

ZUTATEN

2 Handvoll kl. Brennnessel-Blätter
1 Handvoll Gundermann-Blätter
400 g fest kochende Kartoffeln
etwas Butter
80 g durchwachsener Speck, fein gewürfelt
1 Zwiebel, fein gewürfelt
100 g Schlagsahne
8 Eier (Gew.-Kl. M)
Salz
weißer Pfeffer, frisch gemahlen
Muskat, frisch gerieben
1 Knoblauchzehe, fein gehackt

Die Brennnessel-Blätter – wie bei der Schweinesteak-Roulade (S. 54) beschrieben – mit der Teigrolle auf einem Brett flach walzen, um das Brennen zu beseitigen. Danach kann man die Handschuhe dann ausziehen. Die Blätter waschen und zusammen mit den ebenfalls gesäuberten, fein geschnittenen Gundermann-Blättern erst einmal beiseite legen.

Die Kartoffeln mit Schale 20 Minuten in Salzwasser kochen.

Während die Kartoffeln kochen, gibt es dreierlei zu tun:

Den Backofen auf 200 °C vorheizen.

Als Nächstes Butter in einer hohen, backofengeeigneten Pfanne zerlassen, darin die Speck- und Zwiebelwürfel goldgelb dünsten. Den Topf kurz auf die Seite stellen.

Dann die Schlagsahne gründlich mit den Eiern verquirlen, mit Salz, Pfeffer und Muskat kräftig würzen.

Die gegarten Kartoffeln vom Herd nehmen, abschrecken, pellen und in dünne Scheiben schneiden.

Die Kartoffeln und das Wildgemüse zum Zwiebel-Speck-Gemisch in die Pfanne geben, den Knoblauch hinzufügen und alles gut durchschwenken.

Zum Schluss die verquirlte Sahne-Eier-Mischung darübergeben. Abgedeckt bei milder Hitze 10 Minuten auf dem Herd stocken lassen; danach ohne Deckel im Backofen für 15 Minuten backen.

Gebackene Brennnessel-Blätter

DIESE UNGEWÖHNLICHE VORSPEISE LÄSST SICH GUT VORBEREITEN UND MACHT RICHTIG WAS HER

Ei trennen und das Eiklar zu festem Schnee schlagen. Mehl mit Bier, Eigelb, Salz und Muskat zu einem dickflüssigen Teig rühren. Das Öl zufügen und den Eischnee unterziehen.

Die Brennnessel-Blätter (einige davon beiseite legen für die spätere Garnierung!) auf einem Brett mit dem Nudelholz leicht ausrollen und salzen. Das Salz etwas einziehen lassen. Blätter einzeln durch den Bierteig ziehen und sofort in einer tiefen Pfanne mit heißem Öl oder Kokosfett schwimmend bei circa 180 °C goldbraun ausbacken; anschließend herausheben und abtropfen lassen.

Für die Optik mit ein paar frischen Brennnessel-Blättern und Gänseblümchen anrichten.

ZUTATEN

- 30 gr. Brennnessel-Blätter (Handschuhe!)
- einige Gänseblümchen
- 1 Ei (Gew.-Kl. L)
- 125 g doppelgriffiges Mehl (Typ 405)
- ¼ l helles Bier
- 1 Pr. Salz
- 1 Pr. Muskat
- 1 TL Öl für den Teig
- Öl oder Kokosfett zum Frittieren

Brennnessel-Nockerln

BRENNEN KEIN BISSCHEN, SCHMECKEN NUR GUT!

Aus den angegebenen Zutaten einen Teig kneten. In einem großen Topf Salzwasser zum Kochen bringen. Aus dem Teig mithilfe zweier Löffel Nockerln formen und ins Wasser gleiten lassen. Wenn die Klößchen an die Oberfläche kommen, mit einer Schaumkelle herausheben.

Die Butter schmelzen lassen, den Parmesankäse reiben. Beides vor dem Servieren über die heißen Nockerln geben – köstlich!

ZUTATEN

- 40 g blanchierte Brennnesseln, gehackt
- 1 Bund glatte Petersilie, fein gehackt
- 1 Zwiebel, fein gehackt
- 1 Knoblauchzehe, klein geschnitten
- 1 Ei (Gew.-Kl. M)
- 150 g gekochte Kartoffeln, fein zerdrückt
- 70 g Mehl
- 1 TL Kräutersalz
- 150 g Butter
- 150 g Parmesan am Stück

Gänseblümchen *Bellis perennis*
Rotklee *Trifolium pratense*
Glockenblume *Campanula patula*

DAS SÜSSE DREIGESPANN

DAS ERSTE WILDKRAUT IM DREIERBUND: DAS GÄNSEBLÜMCHEN

Viele Geschichten und Sagen ranken um die ausdauernde Schöne, wie sie schon bei Goethe genannt wird. Doch leider half sie Gretchen im »Faust« nicht beim bekannten Spiel: Er liebt mich, er liebt mich nicht… In Irland übrigens geht man vorsichtig mit dem Gänseblümchen um. Hat doch die Fee Milkah einem Königskind das hübsche Blümchen zu essen gegeben – und es blieb genauso winzig wie dieses.

Aber nicht alleine das Blättchenzupfen macht den Charme des Tausendschöns aus (so lautet treffend ein volkstümlicher Name des Gänseblümchens). Sein Geschmack ist nussig, herb-süß bis bitter. Wie stärkend sich die Helfersubstanzen auswirken auf unser Immunsystem, wusste bereits Carl von Linné, der bekannte deutsche Pflanzenklassifikator im 18. Jahrhundert: Er verlieh dem Gänseblümchen den Beinamen »perennis« für »ausdauernd«, weil es – wenngleich oft mit Füßen getreten – immer wieder aufsteht.

VERWENDUNG IN DER KÜCHE

In Suppen und Salaten, als Gemüse und Tee.

SAMMELZEIT

März bis November. Knospen, Blüten und Blättchen sind zum Verzehr geeignet.

STANDORT

Im Verbund mit Gräsern überall auf Wiesen, in Parks und Gärten.

HEILWIRKUNG

Schon in der Renaissance wussten Ärzte um die blutreinigende Wirkung. Die Blütenköpfe sind voll von Saponinen, ätherischen Ölen und Bitterstoffen. Diese kleinen Helferlein stärken ungemein das Immunsystem; besonders der Gänseblümchen-Tee gibt Kindern viel Kraft.

DER ZWEITE IM GESPANN: DER ROTKLEE

Schon im 11. Jahrhundert wurde er von den Bauern als stärkende Futterpflanze für das Weidevieh gesät; Hildegard von Bingen kannte ebenfalls die Heilkraft für uns Menschen. Und wer ist als Kind nicht fröhlich über die Wiesen gehüpft, hat das »vierblättrige Glück« gesucht oder die Rotklee-Blüten aus den Kugelköpfchen gezupft und ausgelutscht, weil sie so herrlich süß schmecken? Diese duftende Süße genießt man in der irischen und schottischen Küche in einem Stampfbrot aus getrockneten Kleeblüten, Thambrak genannt. Spricht der Volksmund vielleicht deshalb vom Himmelsbrot, wenn er den süßen Klee meint?

Der Rotklee wächst unermüdlich. Obwohl von seinem Wesen her selbst sehr anspruchslos, ist er für andere doch ein absoluter Energiespender. Die heutige Medizin bedient sich des Rotklees im hohen Maße.

VERWENDUNG IN DER KÜCHE

In Salaten, als Gemüse, in Süßspeisen.

SAMMELZEIT

Vom zeitigen Frühjahr bis in den späten Sommer. Wir verwenden die Blütenköpfe und die Blättchen.

STANDORT

Der süße Geselle kommt auf allen nährstoffreichen Böden vor: auf Wiesen, Feldern und Waldlichtungen bis in Höhen von 3.000 Metern.

HEILWIRKUNG

Nach den neuesten wissenschaftlichen Erkenntnissen ist Rotklee Vorreiter im Fitness- und Anti-Aging-Programm. Er besitzt vier Isoflavone, die im Aufbau den Östrogenen ähneln und vom Körper gut aufgenommen werden, beugt der Hautalterung vor, unterstützt den Muskelaufbau und stärkt das Knochengerüst. Die Förderung der Lebertätigkeit, die blutreinigende und verdauungsfördernde Wirkung kannte bereits Hildegard von Bingen. Dieser kleine Kraftprotz wächst unbekümmert auf unseren Wiesen, da muss man doch zugreifen!

VERWENDUNG IN DER KÜCHE

In Suppen und Salaten.

SAMMELZEIT

Spätes Frühjahr bis Sommer. Uns schmecken die Blüten, die jungen schmalen Triebe und die kleinen Blättchen.

DIE DRITTE IM SÜSSEN REIGEN: DIE GLOCKENBLUME

Sie nickt zierlich und zart auf ihren dünnen Stängeln und grüßt ihre Nachbarn aus höherer Warte. Ihrem ausdrucksvollen Glockenkopf begegnen wir in Sagen und Märchen als zauberhaftem Feenhut. Kurzum: Die Glockenblume ist einfach nur süß – und allein das reicht aus für ihre Vorzugsstellung im Dreiergespann. Dass sie zudem sehr gut mundet, wissen dabei allerdings die wenigsten: und zwar die jungen Triebe, die Knospen, aber vor allem die Blüten. Der Geschmack gleicht zuckersüßen Erbsen.

STANDORT

Gar nicht wählerisch, wächst die Glockenblume auf Sand-, Lehm- oder Tonböden, auf Wiesen und an Hängen.

HEILWIRKUNG

Die »süße Maid« hat, innerlich angewendet, eine leicht adstringierende (zusammenziehende) und antiseptische Wirkung und wurde früher zum Gurgeln gegen Halsschmerzen eingesetzt. Ansonsten besitzt sie kaum heilende Kräfte.

Kapern aus Gänseblümchen-Knospen

Die Knospen mitsamt den übrigen Zutaten in Essig aufkochen, warm in Gläser füllen, diese verschließen.

Nach 3 bis 4 Tagen sind die eingelegten Gänseblümchen-Kapern fertig und bestechen durch einen angenehm säuerlich-nussigen Geschmack.

ZUTATEN

- 200 g Knospen
- 300 ml Estragon-Essig
- 1–2 Schalotten, fein gehackt
- Salz

Gänseblümchen-Suppe

Gänseblümchen (mit Ausnahme einiger Exemplare für die Garnierung!) in 1 EL heißem Öl ganz kurz andünsten, aus der Pfanne nehmen. Brot würfeln, in 1 EL Öl kross anbraten. Die Hühnerbrühe in einem Topf erhitzen, gedünstete Gänseblümchen zugeben und mit Brotwürfeln und frischen Gänseblümchen garniert servieren.

ZUTATEN

- gut 3 Handvoll Gänseblümchen
- 2 EL Sonnenblumenöl
- 1 Scheibe Roggenbrot
- 1 l Hühnerbrühe (selbst gekocht oder aus dem Glas)
- Gänseblümchen zur Garnierung

Gänseblümchen-Gemüse

Zwiebel- und Speckwürfel im Öl andünsten. Die Gänseblümchen-Blüten grob zerzupfen, die Blätter fein hacken, in den Topf geben und mit der heißen Brühe übergießen. Nach Geschmack würzen und entweder mit einem Schuss Weißwein oder 1 EL Zitronensaft verfeinern.

ZUTATEN

- 200 g Gänseblümchen mit einigen Blättern (1 Handvoll = 20 g)
- 1 EL fein gehackte Zwiebel
- 2 EL gewürfelter durchwachsener Speck
- 1 EL Rapsöl
- 1 Tasse Fleischbrühe (selbst gekocht oder aus dem Glas)
- Muskat, Salz, Pfeffer
- nach Wunsch: 1 Schuss Weißwein oder 1 EL Zitronensaft

SALAT VOM DREIGESPANN MIT KRÄUTERVINAIGRETTE

Salat vom Dreigespann mit Kräutervinaigrette

Für die Vinaigrette den Essig in einen größeren Becher gießen, Salz, Pfeffer, Zucker und Senf zugeben, mit einem Schneebesen glatt verrühren. Unter Rühren langsam das Öl in einem dünnen Strahl zufügen, bis eine sämige Konsistenz entsteht. Zum Schluss die gewaschenen, gut abgetropften, klein gehackten Kräuter unterheben.

Zum Anrichten den Kultursalat mit der Kräutervinaigrette vorsichtig vermischen. Obenauf die Blüten platzieren und leicht unterheben.

ZUTATEN

- 250 g gemischter Salat, fein zerrupft
- 10 Glockenblumen-Köpfe
- 10 Rotklee-Blütenköpfe
- 10 Gänseblümchen

Für die Vinaigrette

- Salz, Pfeffer, 1 Pr. Zucker
- 1 TL milder Senf
- 4 EL Öl (Sonnenblumen-, Raps- oder Distelöl)
- 1 EL Essig
- 4 Blätter Knoblauchsrauke oder 2 Knoblauchzehen, fein gehackt
- 1 Handvoll gehackte Kräuter nach Saison (Knoblauchsrauke, Giersch, Gundermann, Bachbunge, Kresse)

Glockenblumen-Blüten-Eiswürfel

Eine Eiswürfelform mit Mineralwasser ohne Kohlensäure füllen (mit stillem Wasser bleiben die Würfel klar!). In jede Mulde eine Blüte platzieren, die Form für einige Stunden ins Gefrierfach stellen.

Diese hübschen Eiswürfel-Glocken sind die Attraktion in jedem klaren Drink – und sie klingen beim Anstoßen!

ZUTATEN

- 1 Handvoll kl. zarte Glockenblumen

Süße Rotklee-Knödel mit Klee-Sauce

ZUTATEN

Für die Knödel
- 8 Roteklee-Blütenköpfe
- 8 helle Brötchen
- 100 g Schlagsahne + 100 ml Milch
- 50 g Butter
- 4 Eier (Gew.-Kl. M)
- 150 g Zucker
- Semmelbrösel
- 500 ml Milch
- 1 Pr. Salz

Für die Sauce
- 3 Handvoll aufgeblühte Rotklee-Köpfe
- 2 EL Ahornsirup
- 200 ml roter Traubensaft
- 1 TL Zitronensaft
- 100 g gewürfelte kalte Butter
- 4–5 frische Kleeblüten-Köpfe mit Blättchen zur Garnierung

SO GELINGEN DIE KNÖDEL

Die Brötchen in gleichmäßige Würfel schneiden, in eine Schüssel geben. Die 200 ml Sahne-Milch-Gemisch mitsamt Butter erhitzen, über die Brötchenwürfel gießen, etwa 30 Minuten ziehen lassen. Danach Eier und Zucker zugeben und alles verkneten, bis ein fester Knödelteig entsteht. Falls dieser etwas zu dünn gerät, nach Bedarf Semmelbrösel zufügen.

Die Masse in 8 Stücke teilen. Aus jedem Stück mit feuchten Händen einen Kloß formen: grob runden, etwas platt drücken, eine Kleeblüte in die Mitte geben und darum einen runden Kloß drehen.

In einem großen Topf 500 ml Milch mit einer Prise Salz zum Kochen bringen, herunterschalten; die Knödel bei schwacher Hitze ungefähr 15 Minuten garen lassen.

DIE SÜSSE KRÖNUNG

Während die Knödel garen, für die Sauce die Blütenblätter von den Köpfen abzupfen. Den Ahornsirup in einer Pfanne erwärmen, Blütenblätter zufügen und leicht köcheln lassen. Mit dem Traubensaft und dem Zitronensaft ablöschen und einmal aufwallen lassen, auf kleinste Hitze schalten.

Nun unter Rühren mit einem kleinen Schneebesen nach und nach die kalten Butterwürfel unterziehen, damit die Mischung schön cremig wird. Dabei permanent kräftig schlagen. Zwischendurch die Hitze vorsichtig kurz erhöhen, damit die Masse nicht allzu sehr abkühlt und die restliche Butter gut schmilzt. Wenn sämtliche Würfel verrührt sind, ist die Sauce fertig.

Die Knödel aus der Milch nehmen. Beim Anrichten einen Knödel aufschneiden, um die Klee-Blüte zu präsentieren. Die Klee-Sauce angießen, mit den frischen Klee-Blüten dekorieren.

SÜSSE ROTKLEE-KNÖDEL MIT KLEE-SAUCE

Wilder Hopfen

Humulus lupulus

BESTRICKEND GEFÄHRLICHE UMGARNUNG EINES EHER UNSCHEINBAREN LIEBHABERS

Der Wilde Hopfen ist ein kratziger, fast krautiger Geselle, der sich aber mit Hingabe meterlang um alles schlingt, dessen er habhaft werden kann. Er geht mit keiner »Zielgruppe« zimperlich um – und ist mit seiner umgarnenden Leichtigkeit fast immer der Stärkere. Seine Stängel sind wie Federkiele: besetzt mit vielen kleinen Federhaken, die nichts und niemanden wieder freigeben; selbst die widerstandsfähigen Brennnesseln haben aufgegeben.

Am zweihäusigen Hopfen ist alles rau, bis auf die jungen Triebe, die zeigen seine sanfte Seite. Die drei- bis fünflappigen Blätter erinnern stark an Weinblätter.

Zwischen Juni und September sieht man an den männlichen Ranken gelbgrüne kleine Blüten, die in Rispen oder Trauben stehen. An der weiblichen Pflanze gruppieren sich die Blüten zu Kätzchen. Aus diesen entstehen im Spätsommer bis Frühherbst zapfenförmige Früchte mit starkem, aromatischem Duft und Geschmack. An der Innenseite der Zapfen (auch Dolden genannt) befinden sich Drüsen, die das harzige Sekret Lupulin enthalten, verantwortlich für den bitteren Geschmack. Bei der Kultur-Hopfen-Ernte überkommen Pflückerinnen und Pflücker oft Schläfrigkeit und Kopfweh, die auf das Lupulin zurückzuführen sind.

In der Küche verwenden wir ausschließlich die Ähren (Zapfen) der weiblichen Pflanze: Sie munden zart und köstlich, ähnlich frischem weißen oder grünen Spargel und doch mit einem ganz eigenen Geschmack. Spargel und Hopfen gemeinsam auf dem Teller ergeben ein Potpourri an Geschmackserlebnissen.

STANDORT

Der Wilde Hopfen liebt feuchte Standorte, gern an Waldrändern. Er umschlingt Hecken, Zäune oder andere Pflanzen gleichermaßen.

HEILWIRKUNG

Die breite Heilwirkung des Hopfens – antiseptisch, appetitanregend, abführend, blutreinigend aufgrund von Bitterstoffen und ätherischen Ölen – wurde bereits im 7. Jahrhundert von arabischen Ärzten entdeckt.

Ein Jahrhundert später diente er der Haltbarmachung von Bier.

Und manch einer schwört noch heute auf den Wilden Hopfen als mildes Beruhigungsmittel. Die hormonelle Komponente, nämlich eine die Libido leicht dämpfende Wirkung nach (allzu) regem Biergenuss, dürfte ebenfalls so manchem Mann bekannt sein. Hopfen enthält nämlich Phytohormone (Pflanzenhormone), die dem Östrogen ähneln – vermag somit auch Wechseljahrsbeschwerden zu lindern.

Die Triebe des Wilden Hopfens lassen sich, fertig verarbeitet, gut einfrieren und so über längere Zeit lagern. Dazu die jungen Ähren blanchieren und mit etwas vom abgekühlten Sud frosten.

VERWENDUNG IN DER KÜCHE

In Suppe, Salat, Gemüse, Cocktail mit Meeresfrüchten.

SAMMELZEIT

Die jungen Triebe der weiblichen Pflanze (April bis Ende Mai) können vielfältig wie Spargel verwendet werden. Die harzigen grünen Fruchtzapfen verleihen in der Pflückzeit von August bis September einem Likör delikaten Geschmack.

Hopfen-Likör

NICHT SEHR BEKANNT – DAFÜR ABER GESCHMACKVOLL

ZUTATEN

- grüne Hopfen-Zapfen, im Ganzen (weibliche Früchte)
- Sherry, trocken
- Wasser und Zucker zu gleichen Teilen (für Sirup)

Ein Einmachglas (1 l Inhalt) mit den frisch gepflückten Zapfen füllen. Mit so viel Sherry übergießen, bis der Hopfen ganz bedeckt ist. 4 Wochen lang zugedeckt stehen lassen, danach durch einen Filter abseihen und mit Zuckersirup nach Geschmack anreichern.

ZUCKERSIRUP

Den Zucker in das kochende Wasser rieseln lassen, umrühren, bis er sich auflöst, Sirup abkühlen lassen.

Je später im Jahr die Hopfen-Zapfen gepflückt werden, desto »schläfriger« macht der Likör – da heißt es also überlegen, was man »erreichen« möchte.

Hopfen-Krabben-Cocktail

MIT AMERIKANISCHER COCKTAILSAUCE – VERY OLD FASHIONED!

ZUTATEN

- 200 g Hopfen-Sprossen (10 Sprossen = 10 g)
- 1 mehliger Apfel
- 200 g Krabbenfleisch (Crevetten)
- 1 EL saure Sahne
- 1 EL Zitronensaft
- Salz, Pfeffer
- 1 TL Zucker
- 6 junge Salatblätter
- 1 EL Zitronensaft
- 1 unbehandelte Zitrone

Für die Cocktailsauce

- 5 EL Mayonnaise
- 2–3 EL Ketchup oder Tomatenmark
- 2–3 EL Cognac
- Salz, Pfeffer, Zucker
- 5 EL geschlagene Sahne

Mayonnaise, Tomatenmark und Cognac gut verrühren und abschmecken. Die steif geschlagene Sahne unterziehen.

Die Hopfen-Sprossen kernig-weich kochen und in 0,5 cm lange Stücke schneiden. Den geschälten Apfel klein würfeln, mit den Crevetten und den Sprossen – davon jeweils einige fürs Garnieren zurückbehalten – mischen. Saure Sahne und Zitronensaft unterheben, salzen, pfeffern und zuckern. Den Cocktail 1 Stunde im Kühlschrank ruhen lassen.

Die Salatblätter mit dem Zitronensaft beträufeln und als Unterlage in kleine Schälchen legen. Darauf die Hopfen-Krabben-Mischung geben und mit Cocktailsauce beträufeln. Zum Schluss wird der Cocktail mit hauchdünn geschnittenen Zitronenscheiben sowie einigen Hopfen-Spitzen und Crevetten garniert.

Legierte Suppe mit Hopfen-Keimlingen und Sauerampfer

Wer mag, stellt die Rinderbouillon selbst her; es eignet sich aber auch hochwertige aus dem Glas. Für Vegetarier nimmt man eine Gemüsebrühe.

In einem größeren Topf die Butter erhitzen und das Mehl unterrühren, nicht bräunen lassen. Langsam unter ständigem Rühren die mäßig warme Bouillon zugeben und einmal aufkochen lassen. Anschließend die Milch zugießen, mit Salz und Muskat (frisch gerieben) abschmecken. Die Suppe weitere 30 Minuten leicht köcheln lassen. Vom Herd nehmen und die Eigelb kräftig unterrühren.

Während des Suppe-Köchelns die Hopfen-Keimlinge in kochendem Salzwasser bissfest garen (maximal 2 Minuten), kalt abspülen. In einer Pfanne die Brotwürfel knusprig rösten und umfüllen. In derselben Pfanne nun die Butter erhitzen, Hopfen und Sauerampfer kurz darin dünsten.

Zum Servieren die legierte Suppe in Suppenschalen füllen, die gedünsteten Wildkräuter zugeben und mit Croûtons garnieren.

ZUTATEN

Für die Brühe

- 50 g Butter
- 50 g Mehl
- 1 l Rinderbouillon
- 1 l Milch
- 3 Eigelb
- Salz, Muskat

Als Einlage

- 1 Tasse Hopfen-Keimlinge, in feine Streifen geschnitten
- 1 Tasse Brotwürfel
- 20 g Butter
- 2 Tassen Sauerampfer, in feine Streifen geschnitten

Hopfen-Sprossen in Kohlrabipuffer

Die Hopfen-Keimlinge waschen, 8 Sprossen fürs Garnieren beiseite legen, die übrigen klein hacken.

Die Kohlrabi schälen und grob raspeln, den Ingwer ebenso – beides in eine große Schüssel füllen. Sämtliche übrigen Zutaten bis auf die Sprossen dazugeben und mit den Händen alles gut vermengen. Zum Schluss die Hopfen-Keimlinge einarbeiten und den Pufferteig 15 Minuten ruhen lassen.

8 Puffer vorformen und in einer großen, heißen Pfanne in heißem Fett von beiden Seiten goldbraun braten.

Schmeckt auch ohne weitere Zutaten köstlich!

ZUTATEN

- 1 Tasse Hopfen-Keimlinge
- 1 Stückchen Ingwer
- 250 g Kohlrabi
- 50 g Weizengrieß
- 1 Ei
- 100 g Magerquark
- 1 EL Öl
- Salz
- Pfeffer aus der Mühle
- Sonnenblumen- oder Maiskeimöl

Liebesduo aus Spargel und Hopfen

HOPFEN-SPITZEN MIT GRÜNEM UND WEISSEM SPARGEL SOWIE SAUCE HOLLANDAISE

ZUTATEN

- 20 g Hopfen-Spitzen (ca. 20 cm lang) = 20 Hopfen-Sprossen
- 3 Stangen weißer Spargel
- 3 Stangen grüner Spargel
- Salz
- 1 Pr. Zucker
- 1 Schuss Milch

Für die Sauce hollandaise

- 180 g Butter
- 2 Eigelb
- 2 EL vorbereitete Gemüsebrühe
- Salz, weißer Pfeffer
- 1 EL Zitronensaft

Den weißen Spargel schälen und etwa 10 Minuten in leicht kochendem Salzwasser – mit einer Prise Zucker versetzt – garen. Ebenso mit dem grünen Spargel verfahren, wobei dieser nur an den Enden geschält wird. Spargel mit einem Schaumlöffel herausfischen und warm stellen.

Dasselbe Wasser mit einem Schuss Milch versetzen und erneut aufkochen. Den Hopfen in Bündel zusammenstecken und mithilfe einer Zange für 2 Minuten ins kochende Wasser hineinhalten. Danach sofort in kaltes Wasser geben, damit er nicht schlapp wird.

SAUCE HOLLANDAISE

Die Butter schmelzen, kurz aufkochen und wieder abkühlen lassen. Die Eigelb mit Brühe, Salz, Pfeffer und Zitronensaft im Wasserbad (in einer Schüssel über Wasserdampf) cremig schlagen. Die Masse vom Herd nehmen und die Butter in einem dünnen Strahl unter ständigem Rühren mit dem Schneebesen einfließen lassen, bis die Sauce schön sämig ist. Zum Schluss nochmals mit Salz und Pfeffer abschmecken.

Die Hopfentriebe auseinanderwinden und vorsichtig um die Spargelstangen drehen – ein zugleich köstlicher Gaumen- wie Augenschmaus! Mit der Sauce hollandaise servieren.

LIEBESDUO AUS SPARGEL UND HOPFEN

Zaun-Wicke

Vicia sepium

KLEIN, ABER FEIN

Sie blüht voller Anmut und Begeisterung in der Zeit von Mai bis August. Mithilfe ihrer gefiederten Blattranken klettert sie an ihren Nachbargewächsen hoch, schnürt keinem die Luft ab, lässt jeden leben und ist deshalb in der Nachbarschaft gut gelitten. Und obwohl eher klein und grazil von Wuchs, sticht sie selbst in der üppigsten Wiese hervor durch ihre glänzende, lila-purpurfarbene Gestalt.

Die Zaun-Wicke punktet im Kulturanbau als wichtiger und auch geschmacksintensiver Eiweißlieferant für alle Weidetiere. Aber auch den Menschen betört sie mit ihrem köstlichen Geschmack: Die Blüten im Mund zergehen zu lassen erinnert an die süße Frische junger Zuckerschoten. Kein Wunder, gehört sie doch – wie die Gattung der Platterbsen – zur Familie der Schmetterlingsblütler und damit zu den Hülsenfrüchten.

STANDORT

Häufig auf Wiesen, an Wegrändern, oft als Unkrautbestand auf Äckern. Bevorzugt werden stickstoffhaltigere, lehmige Böden.

HEILWIRKUNG

Die Zaun-Wicke wird zusammen mit den Stoffen der verwandten Platterbse in der Homöopathie bei Multipler Sklerose und Schüttellähmung eingesetzt. Ansonsten kommt sie heute kaum noch zum Einsatz.

Wicken-Samen dienten hingegen in der Bronzezeit sowie im Altertum bei den Ägyptern und Griechen noch vielfach als Nahrungsmittel; intuitiv wusste man wohl um deren Eiweißreichtum. Die Römer sahen die Wicke sogar als potenzsteigernd an.

VERWENDUNG IN DER KÜCHE

In Salaten, als Zutat in Gerichten mit überbackenem Käse.

SAMMELZEIT

April bis August. Die manchmal etwas bitteren Blätter sowie die knackigen (Blüten-)Triebe ernten wir das ganze Jahr über, vorzugsweise aber April bis Mai. Die Samen der Hülsenfrüchte reifen von Juli bis August.

Gebackener Schafskäse mit Nusskruste auf Wicke-Löwenzahn-Bett

EIN WAHRES FEST FÜR DIE GESCHMACKSKNOSPEN

ZUTATEN

- 20 Rispen Zaun-Wicke (nur obere Teile mit Blüte)
- 8 Löwenzahn-Blätter
- 200 g Zucker
- 50 g Walnüsse, grob gehackt
- 50 g Pinienkerne
- 100 g Honig
- 400 g milder Schafskäse
- 150 ml Akazien-Sirup
- Pfeffer aus der Mühle, Salz
- je 1 Schuss Essig und Öl

Backofen auf 180 °C vorheizen.

Den Zucker in einer Pfanne karamellisieren lassen; wenn er anfängt hellbraun zu verlaufen, die grob gehackten Walnüsse und die Pinienkerne unter ständigem Rühren unterziehen. Den Honig zugeben und weiterrühren. Pfanne vom Herd nehmen.

Den Schafskäse – in vier Teile portioniert – in eine feuerfeste Form setzen. Die Nussmasse auf die Käsestücke verteilen, mit 100 ml des Akazien-Sirups beträufeln. Ungefähr 15 Minuten im Ofen überbacken.

Zwischenzeitlich vier Teller mit den geputzten Wicken und den Löwenzahn-Blättern dekorieren. Die Löwenzahn-Blätter mit Pfeffer aus der Mühle würzen, etwas salzen und mit ein wenig Essig und Öl beträufeln. Den überbackenen Käse mittig auf die Teller setzen und die restlichen 50 ml Akazien-Sirup darüberlaufen lassen.

Wildkräutersalat

ZUTATEN

- 200 g Kultursalat nach Gusto
- 1 Handvoll Wicken
- 15 Gänseblümchen
- 10 Gundermann-Blätter und 8 Sauerampfer-Blätter

Für die Vinaigrette

- 2 TL mittelscharfer Senf
- Salz, Pfeffer, 1 Prise Zucker
- 1 EL Fruchtmarmelade/-aufstrich
- 3 EL Himbeeressig
- 6 EL Natives Olivenöl
- 80 g halbierte, in der Pfanne geröstete Walnüsse

Salat waschen und zerzupfen. Wildkräuter vorsichtig waschen und trocken tupfen, dabei mit den Wicken und Gänseblümchen besonders sorgsam umgehen, sie danken es. Die Gundermann- und die Sauerampfer-Blätter fein schneiden. Die Wicken und die Gänseblümchen grob zerzupfen, dabei einige Blüten ganz lassen.

Für die Vinaigrette Senf, Salz, Pfeffer, Zucker und Marmelade kräftig verrühren, Essig zugeben und das Öl langsam zuträufeln lassen und sämig verrühren.

Den Kultursalat auf Tellern anrichten, die Wildkräuter unterheben, erst ganz zum Schluss die Wicken und Gänseblümchen unterheben. Die Salatsauce löffelweise darüber geben, mit den gerösteten Walnüssen garnieren.

GEBACKENER SCHAFSKÄSE MIT NUSSKRUSTE
AUF WICKEN-LÖWENZAHN-BETT

Bachbunge *Veronica beccabunga*
Echte Brunnenkresse *Nasturtium officinale*

ZWEI SEELENVERWANDTE

Diese beiden leben friedlich und einvernehmlich miteinander. Ihr gemeinsamer Lebensraum ist das fließend-saubere Wasser: Da stehen sie dann gerne nebeneinander oder auch getrennt durch den plätschernden Bachlauf und haben vor allem ein Gesprächsthema: die Reinheit des Wassers, denn von der hängt ihre Lebensqualität entscheidend ab.

Die **BACHBUNGE** ist heutzutage die weniger bekannte der beiden, obwohl sie schon unseren frühesten Vorfahren als vitaminreiches Frühjahrsgemüse mundete.

Die fleischigen Blätter vom Bach-Ehrenpreis – ein weiterer Name – sitzen gegenständig und glänzend an kurzen Stielen. Wir verwenden die Wildpflanze heute wegen ihres hohen Vitamin C-Gehaltes und ihres milden, aber doch würzigen Geschmacks gerne als »Frische-Kick« in Quark- und Frischkäsespeisen.

Die **BRUNNENKRESSE** ist das uns geläufigere Kraut, da sie mittlerweile sogar von Gärtnereien angeboten wird. Ebenso genügsam wie die Bunge, liebt auch die Kresse das reine, fließende Wasser von Bachlauf oder Quelle.

Ihre ebenfalls fleischigen dunkelgrünen Blättchen stehen gefiedert und schmecken rettichähnlich scharf.

Bachbunge und Brunnenkresse in kulinarischer Gemeinschaft ergänzen sich perfekt durch die beiden Geschmackskomponenten scharf und mild. Und hinsichtlich Standort & Co. ist das Duo seelenverwandt – das Folgende gilt somit für beide.

STANDORT

An klaren Quellen, fließenden Gewässern, Feuchtwiesen und Gräben. Man kann die beiden Wildpflanzen bis auf 2.000 Meter Höhe finden.

HEILWIRKUNG

Bei beiden Wildpflanzen ist der Vitamin C-Gehalt sehr hoch; zudem offerieren sie reichlich Mineralstoffe, Bitterstoffe, Gerbstoffe, Aucubin, Saponine. In der Bachbunge findet sich außerdem ein geringerer Jodanteil. Beide gemeinsam innerlich angewendet, gelten als hilfreich gegen Milzbeschwerden, Blasensteine, Gicht und Verstopfung; äußerlich sollen sie Hautunreinheiten bessern. Beide wirken blutreinigend und auch fiebersenkend.

Bachbunge und Brunnenkresse in schwach konzentriertem Essigwasser gut waschen. So werden alle unerwünschten »Mitbewohner« zuverlässig entfernt und es wird gleichzeitig die Bitterkeit etwas gemildert.

VERWENDUNG IN DER KÜCHE

In Suppen, Quarkspeisen, über Ofenkartoffeln.

SAMMELZEIT

Gesammelt werden zunächst die jungen Triebe der beiden Pflanzen, dann die Blätter und Blüten zwischen März und Juni sowie ein zweites Mal die Blätter zwischen Oktober und Dezember. Achtung: Im Sommer sind die Blätter meistens zu scharf und bitter.

Brunnenkresse-Suppe

ZUTATEN

- 3–4 EL Brunnenkresse
- 1 l kräftige Gemüsebrühe (selbst hergestellt oder aus dem Glas)
- 1 EL Speisestärke
- 250 ml Milch
- Salz, Pfeffer
- 125 g Schlagsahne
- 2 Eigelb

Brunnenkresse waschen, trocken tupfen, fein hacken und beiseite stellen.

Gemüsebrühe aufkochen lassen, Speisestärke in der Milch klumpenfrei verrühren und unter Rühren in die Brühe gießen. Nochmals aufkochen lassen, mit Salz und Pfeffer würzen. Vom Herd nehmen und mit den in der Sahne verquirlten Eigelb legieren.

Brunnenkresse in eine vorgewärmte Suppenschüssel geben, die noch heiße Suppe darübergießen, kurz umrühren.

Prima schmecken dazu geröstete Brotstücke.

Neunstärke-Suppe

DAS JAHRHUNDERTEALTE REZEPT FÜR EINE STÄRKENDE GRÜNDONNERSTAGSSUPPE AUS 9 KRÄUTERN HIER IN DER »MODERNISIERTEN« VARIANTE

ZUTATEN

- je 1 Handvoll: Giersch, Brunnenkresse, Bachbunge, Löwenzahn, Brennnesseln, Sauerampfer, Schafgarbe, Taubnesseln, Gänseblümchen
- 1 Zwiebel
- 1 Knoblauchzehe
- etwas Butter
- 1 l Gemüsebrühe (selbst hergestellt oder aus dem Glas)
- Salz, Pfeffer, Muskatnuss
- 125 g Schlagsahne

Garnierung

- 1 Handvoll Gänseblümchen-Köpfe

Die Wildkräuter waschen, mit einem Küchentuch trocken tupfen und in Streifen schneiden.

Die Zwiebel klein würfeln und mit der gehackten Knoblauchzehe in Butter andünsten. Die Kräuter dazugeben. Mit der Brühe aufgießen und bei schwacher Hitze 20 Minuten garen. Gut würzen und mit Sahne verfeinern.

Kurz vor dem Servieren die Blüten des Gänseblümchens über die Suppe streuen.

Bachbunge und Brunnenkresse mit Ricotta

IDEAL ALS FINGERFOOD

Pumpernickeltaler etwa messerdick mit Ricotta bestreichen, darauf einen Teil der gehackten Radieschen streuen.

Quark und verbliebenen Ricotta gut vermengen, die restlichen Radieschen zugeben, die Bachbunge-Blättchen und die Hälfte der Brunnenkresse ebenfalls untermischen, nach Geschmack salzen und pfeffern. Aus dieser Masse 12 kleine Bällchen formen und diese in der verbliebenen Brunnenkresse wälzen.

Die Bällchen auf die Pumpernickeltaler setzen, mithilfe eines Partyspießes fixieren, mit einer Blüte garnieren.

ZUTATEN

- 4 EL geschnittene Bachbunge-Blättchen
- 4 EL geschnittene Brunnenkresse
- 12 kl. Pumpernickeltaler
- 200 g Ricotta
- 6 EL fein gehackte Radieschen
- 150 g Quark
- Salz, Pfeffer
- Brunnenkresse-Blüten zum Garnieren
- Partyspieße

Bachbunge-Crêpes mit Mozzarellacreme

EIN FRISCH-SÄUERLICHES SOMMERGERICHT

Die dicken, fleischigen Bachbunge-Blätter von den Stängeln befreien, bei Bedarf säubern; 4 der Blätter beiseite legen fürs Garnieren, die übrigen zunächst grob schneiden und dann fein pürieren. Die austretende Flüssigkeit – in den Blättern gebundenes Wasser – vorsichtig in den Ausguss abgießen. Die Knoblauchsrauke-Blätter nach dem Versäubern ebenfalls klein schneiden und kurz mitpürieren; falls Knoblauchzehen verwendet werden, diese fein hacken und nach dem Pürieren zugeben.

Für den Crêpesteig Mehl, Milch und Ei mit einem Schneebesen kräftig schlagen; die pürierten Wildkräuter zufügen, salzen.

Die Mozzarellakugel in einer separaten Schüssel zusammen mit der Sahne so lange pürieren, bis eine luftige Creme entstanden ist; mit Salz abschmecken und beiseite stellen.

In eine heiße flache Pfanne (bei Bedarf: ein wenig Sonnenblumenöl) mittig einen Klecks Teig geben (¼ der Gesamtmenge). Durch Drehen des Holzstabs gleichmäßig den Boden der Pfanne mit dem Teig bedecken. Mit einem Pfannenwender oder Ähnlichem die Crêpe herausholen und auf einem vorgewärmten Teller zusammenklappen; bei Bedarf im Backofen warm halten, bis alle vier Crêpes fertig sind. Vor dem Servieren mit der Mozzarellasahne übergießen und mit einem Bachbunge-Blatt garnieren.

ZUTATEN

- Für 4 Crêpes
- 1 Handvoll Bachbunge-Stängel mit Blättern
- 3 Knoblauchsrauke-Stängel mit Blättern oder 2 Knoblauchzehen oder 6 Bärlauch-Blätter
- 1 Tasse Mehl
- 1 Tasse Milch
- 1 Ei
- 1 Pr. Salz
- 125 g Mozzarella
- 200 g Schlagsahne
- 1 Holzstab zum »Abdrehen« des Crêpesteiges

OFENKARTOFFELN MIT KRÄUTERSAUCE
UND PUTENFLEISCHSTREIFEN

Ofenkartoffeln mit Kräutersauce und Putenfleischstreifen

Den Backofen auf 220 °C (Ober- und Unterhitze) oder 190 °C (Umluft) vorheizen.

Die Kartoffeln waschen, fest in Folie einpacken und auf mittlerer Schiene in 60 Minuten garen.

In der Zwischenzeit: Die Zwiebeln in kleine Würfel und den Knoblauch in dünne Streifen schneiden. Die Wildkräuter waschen, trocken tupfen und klein schneiden. Die Zitrone heiß abwaschen und abtrocknen; die Schale fein reiben.

Öl in einer Pfanne erhitzen, Zwiebeln und Knoblauch darin andünsten, mit Salz und Pfeffer würzen und zum Abkühlen beiseite stellen. Gehackte Kräuter, die Kapern, die geriebene Zitronenschale und die Gemüsebrühe dazugeben und alles verrühren. Die Sauce warm halten.

Das Putenfleisch in dünne Streifen schneiden, würzen und von beiden Seiten in heißem Öl kurz anbraten.

Die Kartoffeln aus dem Ofen nehmen, auf Tellern anrichten, kreuzweise einschneiden, etwas auseinanderdrücken. Mit der Kräutersauce begießen und die Putenfleischstreifen dazulegen. Hübsch garnieren mit Giersch-Blättern und Kresse-Blüten.

ZUTATEN

- 1 Handvoll Brunnenkresse
- 1 Handvoll Bachbunge
- 1 EL Gänseblümchen-Kapern
- 4 gr. Kartoffeln (à 250–300 g)
- Alufolie zum Umwickeln
- 4 Zwiebeln
- 4 Knoblauchzehen
- Schale von 1 unbehandelten Zitrone
- 60 ml Olivenöl
- Salz, Pfeffer
- 100 ml Gemüsebrühe
- 600 g Putenbrustfilet
- Öl zum Anbraten

Zur Garnierung

- 8 Brunnenkresse-Blüten
- 8 frische Giersch-Blätter

Gundermann oder Gundelrebe

Glechoma hederaceum

Wiesen-Sauerampfer

Rumex acetosa

EINE SCHMACKHAFTE KULINARISCHE ALLIANZ

GUNDERMANN ODER GUNDELREBE – OB MÄNNLEIN ODER WEIBLEIN SPIELT HIER KEINE ROLLE

Im zeitigen Frühjahr sprießen kleine blaue bis violette Blüten aus aufrechten Trieben, die aus einem weitverzweigten Wurzelstock entspringen, der seine Ausläufer überall hinschickt. Sie ziehen sich hoch an Zäunen und halten sich gern auch mal an anderen Pflanzen fest.

Dieses Wildkraut – wir nennen es, Emanzipation hin oder her, einfach Gundermann – ist ein echtes Energiebündel. Und zwar in vielerlei Hinsicht: Neben seiner Widerstandskraft gegenüber vernichtungswilligen Gärtnern sind sowohl seine Eignung für die Kräuterküche wie seine Heilwirkung beeindruckend.

Schon im Mittelalter war der Gundermann bekannt und als Naturheilmittel sehr geschätzt. So hat ihn zum Beispiel Hildegard von Bingen für Entzündungen äußerlich angewendet. Aber er punktet auch mit unverwechselbarem Geschmack und besonderem Duft. Die runden bis herzförmigen, an den Rändern eingekerbten Blätter duften beim Zerreiben aromatisch-herb – und danach fühlt sich unsere Haut wunderbar weich an: Das enthaltene Öl sorgt für diese Geschmeidigkeit.

VERWENDUNG IN DER KÜCHE

Gundermann ist ein hervorragender Ersatz für Petersilie, überzeugt frisch gehackt in Kräuterbutter, kurz blanchiert als Gemüse, ist geeignet für Eierspeisen und Fischgerichte, getrocknet für Kräutersalze und als Würzkraut zu allen Kartoffelspeisen.

SAMMELZEIT

Zeitiges Frühjahr bis später Herbst.

STANDORT

An schattigen Plätzen im Wald, an Zäunen, unter Hecken, an Baumstümpfen, auf Äckern, in Vorgärten und sogar an Mauern findet man ihn.

HEILWIRKUNG

Gundermann enthält vor allem viel Gerbsäure und Bitterstoffe sowie nicht wenig salpetersaures Kali. Als Tee wirken Kraut und Blüte schleimlösend und anregend auf die Luftwege, auf die Leber und den Magen-Darm-Trakt sowie lindernd bei Magenschleimhautentzündungen. Äußerlich angewendet, helfen Umschläge mit dem Kraut gut gegen Entzündungen.

WIESEN-SAUERAMPFER – SAUER MACHT LUSTIG!

Der Spruch hat zwar einen Bart – aber beim Sauerampfer jegliche Berechtigung. Denn aus seinem Namen, der im Grunde eine Tautologie darstellt, könnte man sogar schließen: Doppelt sauer macht doppelt lustig! »Ampfaro« nämlich ist das althochdeutsche Wort für »sauer«.

Die »Lustigkeit« stellt sich ein nach dem Verzehr – je nach Dosierung! Schon die alten Griechen, Römer und Ägypter wussten um das »Janusgesicht« des Knöterichgewächses: Fettes Essen wird bekömmlicher durch die Zugabe von Sauerampfer;

VERWENDUNG IN DER KÜCHE

In Salaten, Suppen, Saucen, Beilagen. Gesammelt werden nur die grünen Blätter. Ältere Blätter mit rostbraunen Löchern sind nicht bekömmlich.

SAMMELZEIT

Vom Frühjahr bis in den Herbst schiebt die Wildpflanze immer wieder junge Blätter nach.

man setzte ihn somit großzügig ein. Schon damals sorgte die reichlich enthaltene Oxalsäure für »Völlerei« ohne Reue, denn sie half der Verdauung auf die Sprünge. Roh hingegen und übermäßig zu sich genommen, wirkt es hingegen meist unangenehm, bis hin zu regelrechten Magenkrämpfen. Das sollte man vor allem den Kindern erklären. Wichtig zu wissen: Beim Kochen und Braten zerfällt die Oxalsäure weitgehend, übrig bleibt eine angenehme Verdauungshilfe. Auch hier heißt der Leitspruch: In Maßen genießen!

Im zeitigen Frühjahr schieben sich ovale bis pfeilförmige, lang gestielte kleine Blättchen aus dem Boden, die immer mehr und höher werden und bald eine üppige Familie bilden. Die Blätter sind reich an Vitamin C und A. Die Blüten wachsen an Stielen und an einfachen Seitenverästelungen, erst als kleine grüne Knötchen, dann rundherum an den Stängeln als lachsfarbene bis dunkelrote Perlen. Männliche und weibliche Blüten sind getrennt an verschiedenen Stielen, die nussförmigen Samen besitzen als »Flughilfe« minikleine perlmuttfarbene Taler zwecks Verbreitung.

Der Sauerampfer blüht zweimal im Jahr. Zunächst im Mai und nochmals im August. Und die Natur zeigt sich großzügig: Das ganze Jahr über wachsen immer wieder neue kleine Blätter nach.

STANDORT

Oft steht der Sauerampfer als Pionierpflanze auf offenen Böden und dient so zugleich als »Boden(be)festiger«. Er liebt feuchte, stickstoffreiche Plätze, vor allem Wiesen – für die Landwirtschaft oft ein Problem, da er sich als Silage und Heu schlecht verwenden lässt.

HEILWIRKUNG

Der Sauerampfer enthält sehr viel Vitamin C und A sowie reichlich freie Oxalsäure, Gerbstoffe und Flavonoide. Er wurde früher zur Blutreinigung und für Entschlackungskuren im Frühjahr verwendet. Als wohltuend und lindernd erweist er sich bei Reizhusten sowie Hautproblemen und Beschwerden an der Mundschleimhaut. Die Wirkstoffe des Sauerampfers findet man in einigen bekannten Arzneimitteln zur Behandlung der oberen Atemwege und der Halsregion.

Gundermann-Salz

Den frisch gesammelten Gundermann sollte man rasch trocknen. Wenn das draußen nicht möglich ist, dann im Backofen auf einem Backblech ausgebreitet bei maximal 40 °C. Anschließend die getrockneten Blätter mit dem Salz im Mörser zerstoßen oder in einer Mühle mahlen.

Das Kräutersalz in einem Gefäß mit dicht schließendem Deckel aufbewahren. Die ätherischen Öle des Gundermanns bleiben auf diese Weise gut erhalten, weil das Salz sie bindet.

Das Salz mundet zu Kartoffel- und Eiergerichten und schmeckt köstlich auf einer mit Butter bestrichenen Scheibe Brot.

ZUTATEN

- 2 TL getrockneter Gundermann
- 6 EL grobes Meersalz

Gundermann-Omelett

Die Gundermann-Blätter waschen, trocken tupfen und fein schneiden.

Die Eier sehr schaumig schlagen, salzen, pfeffern, die Speisestärke locker unterrühren.

Das Butterschmalz in eine heiße Pfanne geben, die Hälfte des Gundermanns kurz darin andünsten und die Eiermasse zufügen. Bei schwacher Hitze 10 Minuten stocken lassen, aus der Pfanne auf einen vorgewärmten Teller gleiten lassen. Zur Hälfte umklappen und mit den frischen Gundermann-Streifen bestreuen.

ZUTATEN

- 1 Handvoll Gundermann-Blätter
- 4 Eier
- Salz, Pfeffer
- 1 TL Speisestärke
- 1 EL Butterschmalz

Fantasievoll gefüllt mit kleinen Köstlichkeiten oder ergänzt um eine üppige Salatbeilage wird aus den Omeletts eine komplette Mahlzeit.

Gundermann-Kräuterbutter

Butter in einer Schale streichfähig werden lassen, mit Salz und den fein gehackten Blättern gut verrühren. Die Masse auf beziehungsweise mithilfe von Alufolie zu einer Rolle formen und kalt stellen.

Die Kräuterbutter schmeckt lecker zu allen Grillgerichten, eignet sich aber auch bestens zum Verfeinern von Saucen.

ZUTATEN

- 4 EL frischer Gundermann
- 250 g Butter
- Salz

Die Gundermann-Butter lässt sich hervorragend portionsweise einfrieren.

Zanderfilet mit Gundermann-Füllung

ZUTATEN

- 200 g Sauerampfer-Blätter
- 8 gr. Brennnessel-Blätter
- 200 g junge Gundermann-Blätter
- 1 Ei
- 250 ml sehr kaltes Wasser
- 125 g Tempuramehl (Asiashop)
- Salz, Pfeffer
- Frittierfett (Öl)
- 2 EL Butter
- 1 Zwiebel, klein gewürfelt
- 200 g glatte Petersilie
- 4 Zanderfilets mit Haut
- Zahnstocher
- etwas Mehl
- 100 g Butter
- 100 ml Fischfond
- 100 g Schlagsahne

Den Backofen auf circa 160 °C vorheizen.

Sauerampfer, Brennnessel und Gundermann waschen und abtropfen lassen.

FRITTIERTE BRENNNESSEL-BLÄTTER

Ei verquirlen, 250 ml eiskaltes Wasser zugeben, Tempuramehl dazusieben und alles zu einem zähen Teig verrühren; salzen und pfeffern.

Die Brennnessel-Blätter durch den Teig ziehen und im heißen Öl kurz frittieren. Auf Küchenpapier abtropfen lassen und warm stellen.

GEFÜLLTER ZANDER

In einer Pfanne 2 EL Butter schmelzen lassen, die Hälfte der Zwiebelwürfel darin anschwitzen, die Gundermann- und die Petersilien-Blätter zugeben und zusammenfallen lassen. Als Füllung auf die Hautseite der Zanderfilets streichen, Filets zusammenklappen und mit einem Zahnstocher fixieren. Das »Päckchen« salzen, pfeffern, leicht in Mehl wenden und in einer Pfanne mit 1 EL Öl kross anbraten. In den vorgeheizten Backofen geben und 5 Minuten ziehen lassen.

SAUERAMPFERSCHAUM

3 Sauerampfer-Blätter fürs Garnieren beiseite legen, die restlichen Blätter sehr fein hacken. In einem Topf den Rest der Zwiebelwürfel in 100 g Butter anschwitzen, mit Fischfond ablöschen und mit Sahne aufgießen. Den Sauerampfer in die Sauce geben und verrühren, kurz aufwärmen, aber nicht kochen lassen. Vor dem Anrichten wird die Sauce mit dem Pürierstab aufgeschäumt.

Ob die Temperatur des Frittierfettes stimmt, lässt sich so prüfen: In das heiße Öl ein Holzstäbchen tauchen; wenn daran kleine Bläschen aufsteigen, ist das Fett genau richtig fürs Frittieren.

ZANDERFILET MIT GUNDERMANN-FÜLLUNG

FRITTIERTE SAUERAMPFER-BLÄTTER AUF PIZZATEIG

Frittierte Sauerampfer-Blätter auf Pizzateig

SO GELINGT DER PIZZABODEN

Hefe und Zucker in circa 65 ml lauwarmem Wasser auflösen. Von den 300 g Mehl 3 EL zugeben und daraus einen glatten Vorteig rühren. Diesen für 30 Minuten an einem warmen Ort gehen lassen.

Das restliche Mehl in eine Schüssel sieben, in die Mitte eine Kuhle hineindrücken. Dort den Vorteig hineingeben und sorgfältig nach und nach mit dem Mehl zusammenrühren. Mit der zweiten Hälfte des lauwarmen Wassers, dem Öl und dem Salz zu einem glatten Teig verarbeiten. Nochmals 1 Stunde bei Wärme gehen lassen.

Den Backofen auf 220 °C vorheizen.

Backpapier auf einem Backblech auslegen und darauf den Teig ausrollen.

Alternativ zum selbst gemachten Pizzateig kann natürlich auch ein Fertigprodukt genommen werden.

Den Teig für 10 bis 15 Minuten goldgelb backen.

DEN WILDEN GESELLEN FRITTIEREN

Den Sauerampfer waschen, trocken tupfen und etwa 20 schöne grüne Blätter abzupfen. Einige Blätter zusätzlich für die Garnierung beiseite legen.

Das Ei verquirlen, mit kaltem Wasser vermengen und das Tempuramehl zugeben. Alles zu einem zähen Teig verrühren. Salzen und pfeffern.

Das Frittierfett heiß werden lassen.

Die Sauerampfer-Blätter durch den Teig ziehen und im heißen Fett goldgelb ausbacken; herausschöpfen und auf den noch heißen Pizzateig legen. Mit Meersalz bestreuen und mit den Sauerampfer-Blättern garnieren.

Dazu schmecken die knackig-köstlichen Radieschen.

ZUTATEN

Für den Teig

- 20 g Hefe
- 1 Pr. Zucker
- 130 ml Wasser, lauwarm
- 300 g Mehl
- 2 EL Olivenöl
- 1 TL Salz

Für das frittierte Wildkraut

- 2 Handvoll Sauerampfer
- 1 Ei
- 250 ml kaltes Wasser
- 125 g Tempuramehl (Asiashop)
- Salz
- Pfeffer aus der Mühle
- 500 g Frittierfett (flüssig oder fest)
- grobes Meersalz
- 1 Bund Radieschen

Sauerampfer-Quarkspeise

Die Sauerampfer-Blätter waschen, vorsichtig trocken tupfen und fein schneiden.

Quark mit Sauerrahm und Sahne locker-luftig schlagen (das gelingt am schnellsten mit dem Handmixer).

Die Sauerampfer-Blättchen zugeben und das Ganze kräftig würzen.

Diese pikante Quarkspeise schmeckt lecker zu Fisch- und Fleischgerichten oder einfach nur zu Brot.

ZUTATEN

- 2 Handvoll Sauerampfer-Blätter (frische grüne)
- 200 g Quark (Fettstufe nach Geschmack)
- 2 EL Sauerrahm
- 4 EL Schlagsahne
- Salz
- Pfeffer, frisch gemahlen

Breitwegerich *Plantago major*
Spitzwegerich *Plantago lanceolata*

DIE UNGLEICHEN BRÜDER

Die lateinische Bezeichnung plantago ist auf planta, die Fußsohle, zurückzuführen. Nicht weiter verwunderlich, denn der Breitwegerich hat schon die römischen Legionäre auf ihrem Marsch über die Alpen »fußlindernd« begleitet. Die Ärzte wussten bereits damals um seine entzündungshemmende und beruhigende Wirkung auf Wunden. Hildegard von Bingen zeigte auch die heilenden Kräfte des Spitzwegerichs auf. Liebevoll wurde der Wegerich deshalb auch von unseren Vorfahren als »König der Wiesen und Waldränder« bezeichnet.

Die Familie der Wegeriche ist weit verzweigt und überall bekannt – aber heutzutage nicht immer geliebt. Der Kulturgärtner versucht oft mit allen Mitteln, das zähe Kraut loszuwerden – oft vergeblich, da hilft es nur sich zu arrangieren.

Breit- und Spitzwegerich besitzen zwar dieselben Wirkstoffe, doch unterschiedlicher in Aussehen und Darstellung können Geschwister nicht sein:

Der Breitwegerich wächst flach und dicht mit deutlicher Bodenhaftung. Unter seinen Blättern gewährt er niemandem sonst Raum, dort ist zudem der Boden stark verdichtet. Kurzum: Der egoistisch platzergreifende Geselle liebt die Wegesränder und hat dort stets die lang gezogenen Freiflächen fest im Blick – eine dunkle Erinnerung an die römischen Fußmärsche mag ihn vorantreiben.

Der Spitzwegerich hingegen – schmal, aufstrebend und elegant von Gestalt – bevorzugt Wiesen, ungedüngtes Land, manchmal auch den Asphalt an der Straße; er liebt es luftig. Durch seine Größe fällt er mehr ins Auge als sein ungleicher Bruder und ist zudem das bekanntere Wildkraut in der Küche.

STANDORT

Der Breitwegerich liebt die Wegesränder, ob asphaltig oder erdig, dort säumt er gerade Strecken. Aber er lässt sich auch in Gärten nieder, wo ihn keiner mag. Den Spitzwegerich findet man auf Wiesen und Kulturland ohne Düngung – und manchmal treffen sich die Brüder im brüchigen Asphalt.

HEILWIRKUNG

Beide Wegeriche offerieren dieselben Wirkstoffe: Bitterstoffe, Aucubin – bakterienvernichtende Wirkstoffe, nicht ganz so stark wie Penicillin, aber sehr hilfreich –, Labenzyme gegen Magenbeschwerden, Mineralstoffe, ätherische Öle sowie Kalzium- und Kieselsalze, Vitamin C, Gerbstoffe und Schleimstoffe. All dies kommt zum Einsatz gegen Magen- und Darmentzündungen, Bronchitis, Lungenentzündung und Keuchhusten.

VERWENDUNG IN DER KÜCHE

Die klein geschnittenen jungen Blätter, entweder frisch an Salaten oder kurz in Butter geschwenkt, zu allen Kartoffel-, Nudel- und Reisspeisen; als Hüllen zum »Einpacken« von Fleisch(gerichten).

SAMMELZEIT

Vom zeitigen Frühjahr bis in den Herbst hinein wachsen die beiden Wegeriche unermüdlich immer wieder neu und versorgen uns mit frischen Blättern.

Grüne Legionärssohlen

DIESES »RÖMISCHE« GERICHT SCHMECKT AUCH VEGETARISCH KÖSTLICH!

ZUTATEN

- 2 Handvoll Spitzwegerich-, Löwenzahn- und Gundermann-Blätter, fein geschnitten (Verhältnis je nach Geschmack)
- 500 g Kartoffeln, frisch gekocht
- 1 Ei
- 100 g Mehl
- je 1 Pr. Salz und Zucker
- 250 g roher Schinken zum Belegen

Die noch warmen Kartoffeln durch eine Kartoffelpresse drücken und mit den Kräutern sowie Ei und Mehl zu einem festen Teig kneten. Die Prisen Salz und Zucker nicht vergessen!

Den Backofen vorheizen auf 200 °C (Ober- und Unterhitze). Ein Backblech mit Backpapier belegen, aus dem Teig flache Fladen formen, die einer Schuh-/Fußsohle ähneln, diese aufs Backblech legen. Nichtvegetarier belegen die Sohlen mit Streifen vom rohen Schinken.

Die Legionärssohlen im Ofen backen, bis sie knusprig braun sind, und mit einer Garnitur aus Wildkräutern servieren.

Wegerich-Kräuter-Doraden

EINE KÖSTLICH-WÜRZIGE GRILLSPEZIALITÄT

ZUTATEN

- 20 frische grüne Spitzwegerich-Blätter
- 8 Zweige Quendel (wilder Thymian)
- 4 EL Gänseblümchen-Kapern
- 2 Fleischtomaten
- 4 Knoblauchzehen
- 1 Zitrone, unbehandelt
- 4 »Ein-Personen«-Doraden, küchenfertig ausgenommen
- 4 EL Olivenöl
- Salz
- weißer Pfeffer aus der Mühle
- Alufolie

Die Spitzwegerich-Blätter waschen und grob hacken, den Quendel gut ausschütteln.

Gänseblümchen-Kapern abtropfen lassen und mit dem Messer halbieren.

Die gewaschenen Tomaten in Scheiben schneiden, den geschälten Knoblauch ebenso. Die Zitrone waschen und ebenfalls in dünne Scheiben schneiden.

Die Doraden innen mit einem Pinsel gut einölen und innen wie außen mit Salz und Pfeffer würzen. Den gehackten Spitzwegerich gleichmäßig in den Fischbäuchen verteilen, ebenso die Hälfte der zerzupften Quendel-Zweige (also 1 Zweig pro Fisch) sowie die Hälfte des geschnittenen Knoblauchs.

Von der Alufolie 4 genügend lange Streifen fürs Einpacken der Doraden abschneiden; auch die Folie mit etwas Öl bepinseln.

Die Fische mittig auf die Alustreifen platzieren, die Haut mehrmals quer mit einem Messer einritzen, mit den Zitronenscheiben belegen und obenauf die zweite Hälfte Knoblauchscheiben, die Tomatenscheiben sowie die 4 restlichen zerzupften Quendelzweige legen.

Die Folie jeweils an allen vier Seiten nach oben schlagen, die Folienenden zusammen einrollen und auf diese Weise ein dicht schließendes »Päckchen« packen, damit keine Säfte und Aromen entweichen können.

Wenn kein Grillwetter herrscht: ab mit den Doraden in den auf 200 °C vorgeheizten Backofen!

Schweinerückenroulade mit Kräutersauce

Die Kräuter der Saison waschen, trocken tupfen und fein hacken.

ZUBEREITUNG DER ROULADEN

Die Schweinerückensteaks gut flach klopfen. Etwa ⅔ der Kräuter der Saison auf die Steaks verteilen. Den Schafskäse leicht zerdrückt mitsamt den klein geschnittenen Tomaten ebenfalls gleichmäßig auf den Fleischlappen verteilen. Die Steaks zu einer Roulade einrollen, mit den gewaschenen, trocken getupften Spitzwegerich-Blättern fest umwickeln und mit einem Zahnstocher oder kleinen Spieß fixieren.

Butterschmalz in eine heiße Pfanne geben und die Rouladen bei nicht zu hoher Temperatur ungefähr 15 Minuten braten lassen und dabei immer wieder wenden. Tipp: Die Rouladen müssen im Butterschmalz fast schwimmen, damit der Spitzwegerich nicht schwarz wird und verbrennt. Rouladen herausnehmen und auf Küchenkrepp das überschüssige Fett abtropfen lassen.

SO GELINGT DIE KRÄUTERSAUCE

Etwa ⅓ der Kräuter der Saison mit Olivenöl und den Pinienkernen pürieren. Mit der Sahne aufgießen, etwas salzen und pfeffern, die Sauce erwärmen, aber nicht aufkochen lassen.

Als Beilage eignen sich gleichermaßen Nudeln, Kartoffeln oder Reis.

ZUTATEN

- 2 Handvoll gemischte Wildkräuter nach Saison (wie Gundermann, Giersch, Schafgarbe)

Für die Rouladen

- ⅔ der gemischten Wildkräuter
- 2 Handvoll frische Spitzwegerich-Blätter
- 4 Schweinerückensteaks
- 200 g Schafskäse
- 1 Glas in Öl eingelegte getr. Tomaten
- Zahnstocher oder kleine Holzspieße
- 150 g Butterschmalz

Für die Kräutersauce

- ⅓ der gemischten Wildkräuter
- Olivenöl
- 50 g Pinienkerne
- 1 Becher Sahne, 20 % Fettgehalt
- Salz, Pfeffer

Geröstete Blütenknospen vom Wegerich

Die Spitzwegerich-Blüten vorsichtig von den Stängeln abknipsen.

In einer heißen Pfanne die Pinienkerne ohne Fett goldbraun anrösten und in ein Schälchen umfüllen.

Nun die Butter in der Pfanne erhitzen, bis sie hellbraun ist, darin die Spitzwegerich-Blüten anbräunen. Die Pinienkerne dazugeben, alles gut durchrühren, würzen.

Die »Blüten-Röstis« schmecken wunderbar auf mit Butter bestrichenem Brot, aber ebenso auf den gegrillten Doraden.

ZUTATEN

- 2 Handvoll Stängel mit Spitzwegerich-Blüten
- 125 g gehackte Pinienkerne
- 100 g Butter
- Salz
- Pfeffer aus der Mühle

Schusters Rappen

ZUTATEN

- 16 Breitwegerich-Blätter, ausgesucht frisch und schön grün
- 2 Schalotten
- 200 g Rinderhackfleisch
- 1 Ei
- 100 g Semmelbrösel (aus der Packung oder alternativ 1 geriebenes altes Brötchen)
- Salz, schwarzer Pfeffer (frisch gemahlen), 1 Prise Paprika
- 200 g Butterschmalz
- Fleur du Sel

Die Schalotten fein schneiden und mit einer Gabel oder per Hand unter das Hackfleisch mischen. Ei zugeben und die Semmelbrösel untermengen. Den Teig kräftig würzen, da beim Braten viel an Würze verloren geht. Aus der Masse kleine Taler formen, diese anbraten und dann warm stellen.

Die Breitwegerich-Blätter vorsichtig waschen und trocken tupfen. Das Butterschmalz in einer Pfanne schmelzen, aber nicht zu heiß werden lassen; darin die Wegerich-Blätter nach und nach schwimmend ausbacken (maximal 2 Minuten).

Zum Servieren die krossen Blätter vorsichtig herausschöpfen und auf einen vorgewärmten Teller geben, mit Fleur du Sel bestreuen und die Hackfleischtaler obenauf platzieren. Eine gar köstliche Kombination! Dazu passt gut ein Kartoffel-Kräuter-Püree.

Kartoffel-Kräuter-Püree

ZUTATEN

- 4 EL gehackte Blätter von wilden Kräutern (nach Geschmack: Gundermann, Giersch, Bärlauch, Beinwell, Streifen vom Spitzwegerich)
- 500 g mehlig kochende Kartoffeln
- 200 ml Gemüsebrühe
- 2 EL Schlagsahne
- 100 g Butter
- Salz, Pfeffer, Muskatnuss

Die Kartoffeln schälen, vierteln und weich kochen. Im Handmixer zusammen mit den Wildkräutern pürieren oder im Topf stampfen. Die Gemüsebrühe erwärmen und zugießen. Die Sahne ergänzen. Dann die Butter zufügen, um das Püree geschmeidig zu machen, und mit Salz, Pfeffer und Muskat würzen.

Schafgarbe *Achillea millefolium*
Vogelmiere *Stellaria media*

ZWEI SOMMERKRÄUTER VOLLER KRAFT

SCHAFGARBE – DIENERIN VIELER HERREN UND FRAUEN

Dieser Name verpflichtet – da muss man als Wildkraut schon sehr gut sein. Der griechische Held des trojanischen Krieges, Achilleus oder latinisiert Achilles, wird nämlich als Namenspate der lateinischen Pflanzenbezeichnung vermutet: Aus Rostspänen, die von Achills Speer auf das Schlachtfeld fielen, soll der Legende nach die Schafgarbe entstanden sein. Und mit dieser heilte er wiederum die Wunden seiner Krieger. So verwundert es auch nicht, dass den Überlieferungen nach der kraftvolle Speer selbst nicht nur verletzen, sondern auch heilen konnte.

Noch heute schätzen Ärzte die vielfältigen Dienste dieses uralten Heilkrauts, das übrigens im Volksmund auch als Bauchweh-, Blut(still)- und Frauenkraut bezeichnet wird.

Der deutsche Name Schafgarbe rührt her aus einer von Hirten oft gemachten Beobachtung: Tiere, denen es offensichtlich nicht gut ging, wurden wieder munter nach dem Verzehr von Schafgarbe.

In der Kräuterküche punkten die gefiederten jungen Blätter, frisch gepflückt, mit einem aromatischen, leicht bitteren Geschmack, den es zu nutzen gilt. Die Schafgarbe ist in Kombination mit anderen Kräutern zudem vielseitig verwendbar. Und sie überzeugt als Trockengewürz: Die komplette blühende Pflanze erweist sich, behutsam – nicht in der prallen Sonne! – getrocknet, als fein-aromatisches Würzkraut.

In einer der berühmtesten Kräutersuppen nimmt das Kraut des Achilleus einen prominenten Platz ein. Alexander von Humboldt (1769–1859), Naturforscher und Entdecker, verordnete sich selbst jedes Frühjahr eine selbst entwickelte Gesundheitskur, bei der er auf seine Kräutersuppe schwor. Hiervon aß er zwei bis drei Wochen lang jeden Tag – und fühlte sich nach eigenen Angaben frisch wie ein Fischlein im Wasser. Humboldt wurde 90 Jahre alt.

STANDORT

Auf Wegen, Wiesen, Getreidefeldern bis in Höhen von 2.500 Metern findet man die Schafgarbe. Lediglich feuchte und nasse Böden mag sie nicht.

HEILWIRKUNG

Bedingt durch die komplexen Mengen an ätherischen Ölen, Gerbstoffen, Flavonoiden, Bitterstoffen und die antibiotischen Substanzen hat die Schafgarbe die Gabe, dem Menschen vielfältig zu helfen. Als Tee in heißem Wasser gelöst und als Saft gepresst ist sie ein »Allheilmittel« gegen Krämpfe, Magen-, Darm- und Kreislaufbeschwerden.

VERWENDUNG IN DER KÜCHE

In Suppen, Saucen, Überbackenem, als Würzkraut.

SAMMELZEIT

Hochsommer: das erblühte Kraut im Juli und August.

VERWENDUNG IN DER KÜCHE

In Salaten, Pesto, Suppen und Kräuterquark, blanchiert als Gemüse.

SAMMELZEIT

Ganzjährig vom zeitigen März an.

VOGELMIERE ODER STERNMIERE – EINE MULTIKULTI-URPFLANZE EURASISCHER HERKUNFT

Ihr Ursprung liegt ein wenig im Dunkeln, man kannte sie aber wohl bereits in der Jungsteinzeit. »Diplomatisch« betrachtet, ist sie eine Eurasierin.

Der Kulturgärtner schätzt und hasst sie gleichermaßen. Denn einerseits ist die Vogelmiere bewährt als Stickstoffanzeiger und sorgt zudem als »Mulchersatz« für einen nährstoffhaltigen Boden; andererseits besitzt sie alle Qualitäten eines »Unkrauts«. Vital, ausdauernd und vor allem vermehrungsfreudig überzieht sie in null Komma nichts den Boden großflächig mit einem dichten Rasen und wuchert üppig mit ihren kleinen weißen sternförmigen Blüten – ganz ihrem zweiten Namen Sternmiere gemäß. Zudem ist sie völlig frei von Ressentiments gegenüber einem spezifischen Standort; Hauptsache, ein guter Boden, wo der sich befindet, spielt kaum eine Rolle. Kurzum: Dieser fast weltweit beheimatete Kosmopolit unter den Wildkräutern überzeugt durch seine grenzenlose Anpassungsfähigkeit.

Die Vogelmiere »beliefert« unsere Kräuterküche fast ganzjährig: Ab März wächst und blüht sie unermüdlich – mit bis zu drei Generationen pro Jahr –, nur im strengsten Winter macht sie mal einen Monat Pause. Fast permanent verfügbar, die oberirdischen Pflanzenteile komplett essbar, knackig und wohlschmeckend nussig zugleich, sowohl als frisches Kraut wie auch blanchiert verwendbar: Sie ist ein wahres Vielseitigkeitstalent.

STANDORT

Man findet die Vogelmiere auf Äckern, in Gärten und Weinbergen, am Wegesrand, auf Schuttplätzen und an Ufern. Im Halbschatten oder in der Sonne, und zwar überall dort, wo der Boden halbwegs nährstoffreich und feucht ist.

HEILWIRKUNG

Durch seine Saponine besitzt das Kraut gute schleimlösende Eigenschaften zum Beispiel bei Husten und Bronchitis. Es punktet mit viel Vitamin C (bereits 50 Gramm Vogelmiere decken den Tagesbedarf eines Erwachsenen), zudem mit Rutin und Kaliumsalzen.

Stärkende Kräutersuppe à la Humboldt

DER JUNGBRUNNEN ALEXANDER VON HUMBOLDTS

Sämtliche Kräuter waschen und abtropfen lassen.

Die gemischten Wildkräuter in dem Liter Wasser kurz aufkochen lassen, vom Herd nehmen, beiseite stellen.

Von dem Sud knapp 100 ml in einen weiteren Topf schöpfen, diese Flüssigkeit zum Kochen bringen und darin die Gundermann-Blätter ganz kurz blanchieren, abgießen (diese Flüssigkeit brauchen wir nicht mehr).

Die Zwiebel fein schneiden, in der zerlassenen Butter glasig andünsten, mit dem Mehl bestäuben und mit dem restlichen Kräutersud aufgießen, gut durchrühren.

Die Vollkornbrotscheiben klein würfeln und in einer Pfanne anrösten.

Vor dem Servieren die blanchierten Gundermann-Blätter, die Gänseblümchen und die Brotwürfel auf die Suppe streuen.

Nur Mut! Kreieren Sie ihre eigene Kräutersuppe, indem Sie andere als die im Rezept genannten Wildkräuter als Zutat verwenden.

ZUTATEN

- 2 Handvoll frische gemischte Wildkräuter (vor allem junge Blätter von Schafgarbe, Spitz- und Breitwegerich, Brennnessel und Vogelmiere)
- 2 Triebe Gundermann-Blätter
- 10 Gänseblümchen
- 1 l Wasser
- 1 gr. Zwiebel
- 2 EL Butter
- 2 EL Mehl
- Salz, Pfeffer
- 2 Scheiben Vollkornbrot

Schafgarbe-Meerrettich-Sauce

Die Schafgarben-Blättchen waschen, mit Küchenkrepp trocken tupfen und fein schneiden; wir benötigen 1 EL Kräuter.

Den frischen Meerrettich in eine Schüssel reiben, den Essig dazugeben, die geschnittenen Schafgarben-Blättchen drüberstreuen, umrühren.

Die Sahne leicht aufschlagen und ebenfalls unterheben.

Zum Schluss mit Salz, Pfeffer und der obligatorischen Prise Zucker würzen.

ZU DIESER SAUCE DER SONDERKLASSE MUNDET BESONDERS GUT EIN TAFELSPITZ:
2 kg Tafelspitz und nicht zu sparsam Suppengemüse in einen großen Topf geben; so viel warmes Wasser ergänzen, bis das Fleisch zwei Fingerbreit bedeckt ist. Kurz aufkochen und dann 4 Stunden lang leicht köcheln lassen, gut salzen. Das Fleisch wird auf diese Weise butterzart und ist in Verbindung mit der Schafgarbe-Meerrettich-Sauce eine Verheißung.

Zucker nimmt man immer als Gegenpart zu Salz und Pfeffer. Er schließt die Geschmacksnerven bei so unterschiedlichen geschmacklichen Variationen besser auf.

ZUTATEN

- 1 Handvoll zarte Schafgarben-Blätter (= geschnitten 1 EL)
- ½ frische Meerrettichstange
- 1 EL Apfelessig
- 125 g Schlagsahne
- 1 TL Salz
- Pfeffer, frisch gemahlen
- 1 Pr. Zucker

SCHAFGARBE-WILDGEMÜSE-KNÖDEL

Schafgarbe-Wildgemüse-Knödel

Die Kräuter waschen, trocken tupfen und fein hacken.

Die Eier aufschlagen und unter die Kräuter rühren, die Haferflocken nach und nach zugeben, den geriebenen Käse ergänzen und alles gut vermengen.

Mit Salz und Pfeffer würzen.

Mit den Händen 4 längliche Knödel formen. Diese in einer Pfanne mit zerlassener Butter bei nicht zu großer Hitze in gut 15 Minuten goldbraun braten.

Die gebräunte, sehr aromatische Butter aus der Pfanne zum Begießen der Knödel verwenden.

Dazu schmeckt Nichtvegetariern wunderbar ein Tafelspitz mit Schafgarbe-Meerrettich-Sauce (siehe dort).

ZUTATEN

- 2 Handvoll zarte Schafgarben-Blätter
- 1 Handvoll Gundermann-Blätter
- 1 Handvoll Giersch
- 1 Handvoll Löwenzahn-Blätter
- 1 Handvoll Spitz- und Breitwegerich
- 2 Eier (Gew.-Kl. M)
- 8 EL zarte Haferflocken
- 3 EL geriebener Hartkäse nach Gusto
- Salz, Pfeffer
- Butter zum Braten

Pesto von Vogelmiere

EINE BESONDERS KÖSTLICHE VARIANTE DER BELIEBTEN SPAGHETTI-KRÖNUNG!

Die Vogelmiere putzen, waschen, abtropfen lassen, bei Bedarf trocken tupfen und dann fein schneiden.

Die Pinienkerne in einer heißen Pfanne ohne Fett anrösten.

In einer Rührschüssel das Öl, die Gemüsebrühe und die Vogelmiere mit dem Pürierstab zu einem glatten Masse zerkleinern. Die Pinienkerne nach und nach dazugeben.

Nach Gusto das Pesto etwas salzen; die Prise Zucker rundet das Ganze ab.

ZUTATEN

- 2 Handvoll frische Vogelmiere
- 1 EL Pinienkerne
- 2 EL Olivenöl
- 2 EL Gemüsebrühe
- Salz nach Geschmack
- 1 Pr. Zucker

Vogelmiere-Spaghetti-Türmchen mit Tomaten

ZUTATEN

- 2 Handvoll frische Vogelmiere
- 250 g Tomaten
- 1–2 Knoblauchzehen
- 6 EL Olivenöl
- Salz
- weißer Pfeffer aus der Mühle
- 1 Pr. Zucker
- 350 g Spaghetti (No. 3)
- 30 g Parmesan

Vogelmiere putzen, waschen und abtropfen lassen; einige Pflänzchen beiseite legen für die Garnierung. Den Rest in kochendem Salzwasser kurz blanchieren (1 bis 2 Minuten), in ein Sieb gießen und vorsichtig kalt abbrausen. Leicht mit beiden Händen ausdrücken und warm stellen.

Die halbierten Tomaten zusammen mit den grob gehackten Knoblauchzehen in einer heißen Pfanne mit 3 EL Olivenöl so lange schwenken, bis sie etwas weich geworden sind, dann salzen, pfeffern und die Prise Zucker darüberstreuen.

In der Zwischenzeit die Spaghetti nach Anweisung bissfest kochen, durch ein Sieb abschütten, portionsweise auf Pastateller verteilen (oder alle Spaghetti in eine flache Schale geben). Mit den restlichen 3 EL Olivenöl beträufeln, die noch warme blanchierte Vogelmiere auf die Spaghetti geben und beides zusammen zu einem Türmchen aufdrehen. Tomaten und Knoblauch obenauf schichten und mit der frischen Miere garnieren.

Zum Abschluss wird der Parmesan darübergehobelt.

Salatvariation mit Vogelmiere

ZUTATEN

- 2 Handvoll frisch gepflückte Vogelmiere
- zu gleichen Teilen: Löwenzahn-, Spitzwegerich-, Giersch-Blätter, Brunnenkresse, Gänseblümchen (Blätter und Blüten)
- 1 Kulturkopfsalat

Für das Dressing

- 1 Teil Apfelessig
- Salz, Pfeffer, 1 Pr. Zucker
- 1 EL Schlagsahne
- 1 Teil Öl
- 1 hart gekochtes Ei, fein gehackt

Sämtliche Wildkräuter waschen und trocken tupfen. Die Blätter von Löwenzahn, Spitzwegerich und Gänseblümchen grob, die Vogelmiere hingegen fein hacken. Giersch und Brunnenkresse sehr fein schneiden; diese beiden Kräuter runden als Würzkräuter den gemischten Salat ab. Die Gänseblümchen-Blüten erst einmal beiseite legen.

Den Salatkopf in einzelne Blätter teilen, diese waschen, abtropfen lassen und bei Bedarf trocken tupfen.

Aus Essig, Salz, Pfeffer, Zucker und Sahne mit dem Schneebesen ein cremiges Dressing schlagen. Nach und nach unter Rühren tropfenweise das Öl zugeben, bis sich alles zu einer gleichmäßig homogenen Masse verbunden hat.

Die Wildkräuter miteinander und mit der Vinaigrette gut vermischen; portionsweise auf jeweils einem Kopfsalatblatt verteilen. Die fein geschnittenen Würzkräuter und das gehackte Ei darüberstreuen. Zum Schluss obenauf hübsch mit den Gänseblümchen-Blüten garnieren.

VOGELMIERE-SPAGHETTI-TÜRMCHEN MIT TOMATEN

Wiesen-Bärenklau

Heracleum sphondylium

EIN BÄRENSTARKER KRAFTPROTZ

Bereits die alten Griechen haben dem Heracleum wundersame Fähigkeiten angedichtet: Aufgrund seiner Bärentatzen-artigen Blätter verleihe er jedem, der ihn esse, Bärenkräfte. Und diese übrigens in so mancherlei Hinsicht ... Wobei wir den Glauben an die aphrodisierende Wirkung des Krautes heutzutage nicht mehr für bare Münze, sondern eher schmunzelnd zur Kenntnis nehmen: Bei einem meiner ersten Kräuterlehrgänge sagte mein alter, sehr erfahrener Führer in trockenstem Bairisch: »Dös huilfd dem oidsten Manderl auf Weiberl nauf.«

Der Wiesen-Bärenklau ist eine mehrjährige, hochwüchsige und großblättrige Pflanze, bedeckt mit vielen kleinen Härchen. Zur Blütezeit zeigt er große, vielstrahlige Dolden. Die Bienen lieben ihn dann sehr als schmackhafte Weide. Und als häufiger Bestandteil des Kräuterstraußes wird er oft heute noch Anfang August zu Mariä Himmelfahrt im Rahmen der Kräuterweihe gesegnet.

Den krautigen Gesellen trifft man an bis in eine Höhe von 2.500 Metern. Die Bauern allerdings sehen ihn generell ungern, da er allzu dominant auftritt. Was uns wiederum freut: Denn durch das mehrfache Mähen der Wiesen, auf denen er gerne wächst (daher auch sein Beiname), sprießen immer wieder schmackhafte neue junge Blätter.

Wichtig zu wissen beim Sammeln und Pflücken: Sehr empfindliche Menschen sollten besser Handschuhe tragen, da der Saft des Bärenklaus Hautreizungen hervorrufen kann. Dem Geschmack tut diese »Unart« aber keinen Abbruch: Die Blätter besitzen eine intensive, pfeffrige Note, die Sprossen sind etwas milder.

Der Wiesen-Bärenklau zeigt von den Blütendolden her eine gewisse Ähnlichkeit mit einigen Vertretern der Gattung Engelwurz; da sein Blattwerk sich aber deutlich von deren unterscheidet, besteht kaum Verwechslungsgefahr. Die »Bärentatzen« hat zudem nur der wesentlich häufiger anzutreffende Bärenklau. Wir können uns allerdings sowieso ganz entspannt zurücklehnen, da beide Wildkräuter in etwa die gleichen geschmacklichen wie heilenden Eigenschaften aufweisen. Wobei unser »Kraftprotz« hinsichtlich Letzteren im Vergleich zum Arznei-Engelwurz recht schwach auf der Brust daherkommt.

STANDORT

Wie sein Name schon sagt, liebt er die Wiesen und allgemein einen nährstoffreichen Boden. Man sieht ihn an Bachläufen, Feldrändern, lichten Waldrändern.

HEILWIRKUNG

Der Bärenklau gilt als blutdrucksenkend, verdauungsfördernd, entzündungslindernd, anregend und – ohne Beweis zwar – als potenzsteigernd im weitesten Sinne. Als Inhaltsstoffe bietet er unter anderem ätherische Öle, Vitamin C, Carotin, Gerbstoffe und Eisen.

VERWENDUNG IN DER KÜCHE

Für alle Arten von Mischgemüse, in Pürees, Saucen und Terrinen.

SAMMELZEIT

Von Mai bis September beliefert er uns mit immer neuen Blättern und Blüten.

PARFAIT VOM WIESEN-BÄRENKLAU

Parfait vom Wiesen-Bärenklau

Die Wildkräuter waschen (2 Blätter vom Bärenklau für die Garnierung beiseite legen) und fein hacken.

Gelatine in kaltem Wasser einweichen.

Etwas von der Buttermilch erwärmen und die ausgedrückte Gelatine darin auflösen. Diese Geliermasse unter die übrige Buttermilch ziehen, in den Kühlschrank stellen. Nach circa 30 Minuten müsste der Geliervorgang beginnen.

Zwischenzeitlich die Sahne steif schlagen und vorsichtig die Kräuter unterziehen; mit Salz, Pfeffer und Zitronensaft abschmecken. Diese Mischung unter die gelierende Buttermilch heben.

Eine Terrinenform mit Klarsichtfolie auslegen und das Parfait einfüllen, glatt streichen und zugedeckt einige Stunden kalt stellen.

Zum Servieren aus der Form stürzen und in dicke Scheiben schneiden; mit den Bärenklau-Blättern dekorieren.

Dazu passen ein Wildkräutersalat und das Beinwell-Brot.

ZUTATEN

- 2 Handvoll Wiesen-Bärenklau- und Sauerampfer-Blätter, gemischt (= insg. ca. 100 g)
- 6 Blatt weiße Gelatine
- ½ l Buttermilch
- 125 g Schlagsahne
- Salz
- weißer Pfeffer aus der Mühle
- einige Spritzer Zitronensaft
- eine Terrinenform

Bruschetta mit Wiesen-Bärenklau und Käse

Die Wildkräuter waschen und in kochendem Wasser kurz blanchieren. Mit einer Schöpfkelle herausnehmen und nach kurzem Abkühlen vorsichtig ausdrücken, damit die überschüssige Flüssigkeit entweicht. Die Kräuter zunächst auf einem Küchenpapier abtrocknen lassen, danach auf einer Lage Frischhaltefolie zu einem Rechteck von ungefähr 25 x 20 cm auslegen.

In einer Schale den Schafskäse mit der Gabel zerdrücken, Frischkäse zugeben, das Ganze zu einer klumpenfreien Mischung verrühren und vorsichtig auf die ausgebreiteten Wildkräuter auftragen, ebenso die Brennnessel-Samen darauf verteilen.

Nun mithilfe der Klarsichtfolie eine feste Rolle drehen und diese zunächst im Kühlschrank aufbewahren. (Diese »Kräuterroulade« kann man übrigens wunderbar schon am Vortag vorbereiten.)

Das Baguette in 24 Scheiben schneiden, diese beidseitig dünn mit Olivenöl bestreichen. Nebeneinander auf ein Backblech legen und im vorgeheizten Ofen bei 200 °C 10 Minuten hellbraun rösten lassen.

Die Kräuterrolle aus dem Kühlschrank nehmen, die Folie entfernen und die Rollen in 24 dünne Scheiben schneiden, diese auf die Brotscheiben legen und die Köstlichkeit als Amuse-Gueule oder kleine Beilage servieren.

ZUTATEN

Für 24 Stück

- je 1 Handvoll Wiesen-Bärenklau-, Sauerampfer- und Schafgarbe-Blätter
- 2 EL abgezupfte Brennnessel-Samen
- 100 g Schafskäse
- 100 g Doppelrahmfrischkäse
- 1 Baguette
- Olivenöl

Mädesüß

Spiraea ulmaria oder Filipendula ulmaria

»ASPIRIN-STAUDE« MIT ZWEI LATEINISCHEN NAMEN

Der Name dieser weithin weiß leuchtenden und nach Bittermandel duftenden Staude hat mit dem süßem Mädchen nichts zu tun. Er leitet sich zum einen wohl vielmehr her von dem Begriff »mahd«, dem Mähen: Die mehrjährige Pflanze nämlich sorgt für ein besonderes Dufterlebnis bei der Heuernte. Zum anderen mag der Name auf Met hinweisen, denn beim Ansetzen des so begehrten Rauschgetränkes wurden die Blätter von Mädesüß zugefügt.

Das wiederum bringt uns zur Vergangenheit des Wildkrauts. Es zählte zum Triumvirat der heiligsten Pflanzen im Keltenreich – Eisenkraut, Mädesüß und Wasserminze gehörten zu den wichtigsten Heil- und Wundermitteln unserer Vorfahren.

Bei den Sonnenwendfeiern war der Geißbart (einer der Volksnamen) ein wichtiger Bestandteil der Götterzeremonie: Als Aromapflanze wurde er auf den Boden gestreut, um mit seinem Duft Krankheiten und Dämonen abzuhalten.

Von Juni an leuchtet uns eine Vielzahl von weißen Blütenrispen auf feuchten Wiesen und an Bachrändern entgegen. Dort liegt der Duft von Bittermandel voll und schwer in der Luft. Die ungeheure Zahl dieser schwebenden Blütenwolken verlieh der beeindruckenden Wildpflanze auch den Namen Wiesenkönigin – genau so nämlich thront sie in ihrem Sommerreich.

Der Geschmack der Blüten ist aromatisch-fruchtig und gleichzeitig zieht es einem beim Kosten den Mund ein bisschen zusammen. Das rührt her von der im Mädesüß enthaltenen Salicylsäure. Einfach langsam herantasten!

STANDORT

Die Staude hat eine Vorliebe für nährstoffreiche Böden, liebt feuchte Wiesen und Gräben, Ufer an fließenden und stehenden Gewässern. Geselligkeit untereinander wird großgeschrieben, dann blüht sie üppig. Verbreitet ist das Kraut in Europa, Nordostamerika und Asien bis hinein nach Nordsibirien und in den Himalaya.

HEILWIRKUNG

Für die Chinesen besitzt das Mädesüß eine wichtige Funktion als »Kühlpflanze« gegen (innere) Hitze und es spielt im Leber-Qi eine große Rolle. Die Kelten wiederum wussten um dessen schmerzlindernde und fiebersenkende Wirkung. Vor ungefähr 150 Jahren dann entdeckten Forscher in der Weidenrinde und der Spierstaude (= Mädesüß) reine Salicylsäure. Jahre später gelang die synthetische Herstellung von Acetylsalicylsäure, dem Hauptwirkstoff des Medikamentes Aspirin – dessen Name wiederum abgeleitet wurde von »a spiera«, »aus der Spierstaude«. Vorsicht also bei bekannter Allergie gegen Acetylsalicylsäure (Aspirin)!

Das Mädesüß wirkt folglich antirheumatisch, entzündungshemmend, durchblutungsfördernd, lösend, fiebersenkend und schmerzlindernd. Kurzum: Das Kraut ist ein mächtiger Heiler.

VERWENDUNG IN DER KÜCHE

Als Beigabe zu vielen Süßspeisen – je nach Gusto und Fantasie.

SAMMELZEIT

Juni bis später August. Verwendet werden die Blüten, die Blätter und auch die Wurzeln.

Mädesüß-Muffins

(12 STÜCK)

ZUTATEN

Für den Teig
- 6 Mädesüß-Dolden
- 125 g Butter
- Saft und abgeriebene Schale 1 ungespritzten Orange
- 125 g brauner Rohrzucker
- 2 Eier (Gew.-Kl. L)
- 4 EL Mandeln, fein gehackt
- 125 g Mehl
- 1,5 TL Backpulver

Für den Belag
- 2 Mädesüß-Dolden
- 100 g Mascarponecreme
- 150 g Sahne, steif geschlagen
- 4 EL Puderzucker
- 1 TL Mandelblätter
- 12 kl. Himbeeren

SO GELINGEN DIE KÖSTLICHEN KÜCHLEIN

Den Backofen auf 180 °C vorheizen.

Eine Muffinbackform für 12 Stück mit Papierbackförmchen auskleiden.

Butter, Orangenschale und Zucker in einer großen Schüssel schaumig schlagen. Die beiden Eier nacheinander zugeben und jeweils gründlich verquirlen. Die gehackten Mandeln und den Orangensaft zufügen. Mehl und Backpulver sowie die gut ausgeschüttelten, fein gezupften Mädesüß-Blüten vorsichtig unterheben.

Den Teig in die Muffinförmchen füllen und im Ofen 25 Minuten goldbraun backen.

Mit kurzem Fingerdruck prüfen, ob die Muffins eine griffige Festigkeit besitzen; danach abkühlen lassen.

ALS KRÖNUNG EIN FEINES TOPPING

Mascarpone, geschlagene Sahne, Puderzucker, Orangenschale und zerzupfte Mädesüß-Dolden vermengen. Die Masse auf die abgekühlten Muffins streichen und mit den kleinen Himbeeren und den Mandelblättchen garnieren.

Sorbet von Mädesüß

ZUTATEN

- 6 Dolden Mädesüß-Blüten
- einige kl. Mädesüß-Blätter
- 150 g Zucker
- 1 Pck. Vanillinzucker
- Mark von ½ Vanilleschote
- 200 ml Wasser
- ¼ l Weißwein
- abgeriebene Schale 1 Limette
- 2 Eiweiß
- 100 g gemahlene Mandeln

Die Dolden mit Mädesüß-Blüten gut ausschütteln, damit sich keine noch so kleinen Käfer im Sorbet wiederfinden. 1 Dolde beiseite legen für die Garnierung, die restlichen 5 fein in eine Schüssel zupfen.

Zucker und Vanillinzucker mit dem ausgekratzten Mark der Vanilleschote und dem Wasser zum Kochen bringen, rühren, bis sich der Zucker vollständig aufgelöst hat und der Sirup klar ist. Vom Herd nehmen und abkühlen lassen.

Weißwein und Limettenschale unter den Sirup rühren. Eiweiß halb steif schlagen und ebenfalls behutsam unter den Sirup ziehen. In eine Metallschüssel füllen und für 3 Stunden gefrieren lassen. Zwischendurch immer wieder mit dem Schneebesen aufrühren.

Vor dem Servieren nochmals vorsichtig umrühren, das Sorbet in vorgekühlte Gläser verteilen und mit Mädesüß-Blüten sowie -Blättern garnieren.

Wer es prickelnd mag, füllt das eisgekühlte Sorbet mit kaltem Sekt auf.

MÄDESÜSS-MUFFINS

Schmalblättriges Weidenröschen

Chamerion/Epilobium angustifolium

DIE PIONIERPFLANZE

Das Weidenröschen gehört zur Familie der Nachtkerzengewächse, liebt ein geselliges Miteinander und kann die stolze Höhe von bis zu zwei Metern erreichen. Die Weidenröschenfamilie ist weit verzweigt und hat viele Verwandte. Sie sind alle essbar – der schmalblättrige Vertreter ist lediglich der bekannteste.

Es handelt sich hier um eine raumgreifende Pionierpflanze, die sich in kürzester Zeit nach Waldbränden und Kahlschlägen, auf Schutt- und Trümmerflächen stark vermehrt. Seinen volkstümlichen Namen Trümmerblume erhielt das Weidenröschen – ansonsten im urbanen Umfeld nur selten heimisch – folgerichtig im Zuge von Kriegsgeschehen. Und dabei erfüllte es nebenbei sogar eine wertvolle Aufgabe: Seine weitverzweigten Wurzelsprossen sorgen beim Flächenaufbau für Boden(be)festigung.

Für die Bewohner Alaskas und Kanadas ist das Weidenröschen ein vertrauter Anblick. Aufgrund der vielen Rodungen und Waldbrände breitet es sich schnell auf den immer wieder neu entstehenden Lichtungen aus. Im kanadischen Yukon-Territorium gar findet man es als Fireweed (Feuerkraut) sogar im Wappen. Den Namen Feuerkraut kennt man übrigens auch in unseren Breiten: Weidenröschen-Stängel hingen früher oft an Stallungen und Häusertüren, um den Blitz abzuwenden.

Bei den Wöchnerinnen diente das Weidenröschen als wichtiges »Bettstrohkraut«, das Mutter und Kind zu einem besseren Befinden nach der Geburt verhalf.

Wiederentdeckt wurde das Epilobium (Synonym: Chamerion) angustifolium von Maria Treben: Sie stellte nämlich fest, welch gute Heilwirkung es bei der Behandlung von Prostatabeschwerden zeigte. Und nur der schmalblättrige Vertreter besitzt diese spezielle Wirkung.

Prompt tauchte natürlich der Gedanke auf: Wie praktisch, wenn ein Kraut mit solch tollen Heilerfolgen zudem noch »küchentauglich« wäre! Man prüfte und experimentierte – und die Versuche gelangen: Auch auf dem Teller fand das Weidenröschen fortan seinen Platz. Der »Koptische Tee« besteht überwiegend aus den oberirdischen Teilen des Weidenröschens und dessen Blätter, Triebe, Sprossen und Blüten bereicherten bereits die Speisefolge unserer Altvorderen. Sie schmecken ähnlich grünem Spargel, aber säuerlich aufgrund des hohen Vitamin C-Gehaltes.

STANDORT

Auf Waldlichtungen, Schuttplätzen und Kahlschlägen, an Ufern und Böschungen.

HEILWIRKUNG

Die Wirkstoffe vom Schmalblättrigen Weidenröschen sind vornehmlich Schleimstoffe, Gerbstoffe, Flavonoide und vermutlich tumorhemmende Stoffe. Innerlich angewendet kann es bei Prostatabeschwerden, Nieren- und Blasenproblemen helfen, denn es besitzt eine antibakterielle und entzündungshemmende Wirkung.

VERWENDUNG IN DER KÜCHE

In Waffeln, Eierkuchen, Teigwaren; köstlich auch: gebratene Sprossen und Triebe.

SAMMELZEIT

Juni bis August.

Weidenröschen-Kräuterknöpfle

VEGETARISCH LECKERES AUS DEM SCHWABENLÄNDLE

ZUTATEN

- 4 Stängel Weidenröschen (mit Blättern und Blüten)
- 2 EL gehackte gemischte Wildkräuter (wie Gundermann, Giersch, Schafgarbe, Vogelmiere)
- 1 kg Kartoffeln, mehlig kochend
- 2 Eigelb
- 1 Pr. Salz
- weißer Pfeffer aus der Mühle
- 250 g Mehl

Die Weidenröschen-Blätter vom Stängel ziehen (die untersten, harten, verwenden wir nicht), waschen, trocken tupfen und fein hacken. Die Blüten abzupfen und gut ausschütteln.

Die gemischten Wildkräuter ebenfalls säubern und fein hacken.

Die Kartoffeln schälen, zerteilen und in Salzwasser kochen, bis sie bissfest gar sind. Abgießen und abkühlen lassen. Durch eine Kartoffelpresse in eine Schüssel drücken und pürieren. Mit den Eigelb und den frisch gehackten Kräutern gut vermischen, salzen und pfeffern. Nach und nach das Mehl zugeben, durchkneten, bis ein geschmeidiger Teig entsteht. Wenn nötig, noch etwas mehr Mehl zugeben.

Den Teig vierteln. Jedes der Teile auf einem bemehlten Blech in Rollen von 2 cm Dicke formen. Diese anschließend in Scheiben schneiden. Eine Gabel in Mehl tauchen und mit den Gabelzinken die Scheiben flach drücken.

Einen großen Topf mit Salzwasser zum Kochen bringen. Die »Knöpfle« portionsweise hineingeben und nach etwa 3 Minuten, wenn sie an die Oberfläche kommen, mit einer Schöpfkelle herausheben und in einem Sieb äußerst kurz kalt abbrausen, abtropfen lassen und gleich servieren.

Weidenröschen-Kaiserschmarren

ZUTATEN

- 4 Weidenröschen-Zweige mit Blättern und Blüten
- 4 Eier (Gew.-Kl. M)
- ¼ l Milch
- 150 g Mehl
- 1 Pr. Salz
- 30 g Zucker
- 70 g Butter
- 50 g Rosinen
- Puderzucker zum Bestäuben

Die Weidenröschen-Zweige säubern, die Blätter und Blüten abzupfen; die Menge eines Zweiges beiseite legen für die Garnierung. Die übrigen Blätter fein schneiden, die Blüten nur grob zerzupfen.

Die Eier trennen. Das Eigelb mit der Milch, dem Mehl und einer Prise Salz zu einem glatten Teig verrühren. Das Eiweiß sehr steif schlagen, den Zucker dabei einrieseln lassen; unter den Teig ziehen. Die Blätter und Blüten des Weidenröschens vorsichtig unterheben.

In einer großen Pfanne 50 g Butter aufschäumen lassen, die Teigmasse hineingießen und Rosinen drüberstreuen. Den Eierkuchen auf der Unterseite goldbraun anbraten, wenden; danach auf der anderen Seite so lange backen, bis er innen fast durch ist. Mit zwei Gabeln den Schmarren in nicht zu kleine Stücke zerreißen.

Den Rest Butter zugeben und den Kaiserschmarren bei starker Hitze kurz in der Pfanne »schwingen lassen«. Mit Weidenröschen garniert und üppig mit Puderzucker bestreut sofort servieren. Die Wildkräuter geben dem Kaiserschmarren den besonderen Kick!

Weidenröschen-Eierkuchen mit Mozzarella

Die Blätter (mit Ausnahme der harten unteren) abstreifen, die Blüten abzupfen. Waschen, trocken tupfen und fein schneiden. Die Blüten zerzupfen und beiseite legen.

Die Eier mit Milch und Salz verquirlen, nach und nach das Mehl unterrühren. Den Pfannkuchenteig etwa 30 Minuten ruhen lassen, dann die geschnittenen Blätter vom Weidenröschen unterheben.

Den Mozzarellakäse in feine Scheiben schneiden.

Der Backofen wird fürs spätere Warmhalten vorgeheizt auf gut 100 °C.

Fürs Ausbacken je Eierkuchen 1 EL Öl in eine heiße Pfanne geben, schwenken. 1/4 des Eierkuchenteigs in die Pfanne gießen und diese vorsichtig kreisend drehen, damit von allen Seiten Öl an den Teig gelangt. Wenn die Unterseite fest und knusprig ist, den Eierkuchen mit einem Pfannenwender umdrehen und ebenso backen. Aus der Pfanne auf eine Platte gleiten lassen, obenauf mit 1/4 der Mozzarellascheiben belegen.

Die Pfannkuchen jeweils warm stellen, bis alle vier fertig sind. Zwischenzeitlich ist auch der Mozzarella schön verlaufen.

ZUTATEN

- 4 Stängel Weidenröschen mit Blättern und Blüten
- 4 Eier (Gew.-Kl. M)
- 1/8 l Milch
- 1 TL Salz
- 100 g Mehl
- 4 EL Öl (Raps- oder Sonnenblumenöl – nach Geschmack)
- 125 g Mozzarella

Weidenröschen-Zigeuner-Mus

EINE PFIFFIGE BEIGABE ZU FLEISCH VOM GRILL

Die gewaschenen, grob gehackten Blätter und Blüten vom Weidenröschen in die Brühe geben, für einige Minuten aufkochen lassen, durch ein Sieb abgießen (Brühe aufheben!), Kräuter beiseite stellen.

Kartoffeln schälen, klein schneiden und in Salzwasser weich kochen; abgießen, fein zerdrücken und mit der Butter verrühren.

In einem Topf die Milch mit einer guten Prise Salz und den Wildkräutern ganz kurz aufkochen lassen. Diesen Kräuter-Milch-Sud ebenfalls mit dem Kartoffelmus vermengen, mit Salz und Pfeffer würzen. Wer es »sauciger« mag, kann das Mus mit ein wenig Brühe verlängern.

ZUTATEN

- 1 Handvoll Blätter und Blüten vom Weidenröschen
- 1/8 l klare Brühe
- 750 g mehlig kochende Kartoffeln
- 75 g weiche Butter
- 1/4 l Milch
- Salz, Pfeffer

WEIDENRÖSCHEN-KRÄUTERWAFFELN

Weidenröschen-Kräuterwaffeln

Wir verwenden nur die Blüten und die oberen, zarteren Blätter; die unteren wandern mitsamt dem Stängel auf den Kompost. Die Blätter waschen, die Blüten draußen gut abschütteln, damit mögliche Käfer sich davonmachen können. Die Blätter fein hacken, die Blüten zerzupfen, ein paar für die Garnierung beiseite legen.

Butter und Eier cremig rühren. Haferflocken, Mehl und Backpulver zusammenmengen und im Wechsel mit der Buttermilch nach und nach in die Butter-Eier-Mischung einrühren. Zucker und Salz hineinrieseln lassen, zum Schluss Blätter und Blüten des Weidenröschens unterheben.

Das Waffeleisen vorheizen, gut einfetten (nach Herstellerangaben!) und einen dicken Klacks Teig in die Mitte geben, Klappe schließen und goldbraune Waffeln backen.

Vor dem Servieren üppig mit Blüten dekorieren.

Dazu passen die vielen verschiedenen Dips und Pestos von Wildkräutern, die an anderer Stelle im Buch zu finden sind.

Die gebackenen Waffeln auf einen Rost legen, dann werden sie nicht weich, sondern bleiben schön knusprig.

ZUTATEN

Für 6 Waffeln

- 3 Weidenröschen-Stängel mit Blättern und Blüten
- 125 g Butter
- 4 Eier (Gew.-Kl. M)
- 125 g zarte Haferflocken
- 125 g Mehl
- 2 TL Backpulver
- 375 ml Buttermilch
- 1 TL Zucker
- 1 TL Salz

Wiesen-Bocksbart

Tragopogon pratensis

EIN ECHTES HIMMELSBROD

Ein echter Frühaufsteher im Reich der blühenden Wildpflanzen: Die Blüten des Wiesen-Bocksbartes sind nur in der ersten Tageshälfte zu sehen, mittags schließt er sie, frönt dem Understatement und genießt den Rest des Tages bescheiden für sich – very british! Und so verrät denn auch sein englischer Name seine »Lebenseinstellung«: Jack-go-to-bed-at-noon.

Der ein- bis zweijährige Korbblütler kann eine Höhe von bis zu 60 Zentimetern erreichen. Seine kleinen gelben Blüten sitzen auf langen Stängeln, die spitzen Hüllblätter wachsen heraus aus den dicken Knoten am Stängel – der Wiesen-Bocksbart unterscheidet sich somit deutlich von anderen Korbblütlern wie dem Löwenzahn. Nach dem Verblühen schaukeln große Pusteblumenballons auf den Wiesen. Und die abgeblühten, welken Zungenblüten aus den zusammengefallenen Hüllblättern ragen dann einem Ziegenbart ähnlich aus der ehemaligen Blüte – daher sein deutscher Name.

Diese eigenwillige, ausdauernde Wildpflanze ist komplett essbar: von den Blütenknospen und Blättern über das Mark des Stängels bis hin zur Wurzel. Das hatten schon die Römer herausgefunden, wie ein Wandfresko in Pompeji belegt. Und auch im Mittelalter wurde die Pflanze fleißig gesammelt und später sogar kulturmäßig in den Klöstern angebaut, da Essbarkeit und Heilwirkung einander in nichts nachstanden.

STANDORT

Auf nährstoffreichen Wiesen, Böschungen, Weg- und Waldrändern.

HEILWIRKUNG

Der Wiesen-Bocksbart ist reich an Mineralstoffen, Gerbstoffen und Vitaminen, besitzt eine blutreinigende, entwässernde Wirkung. Das besonders in der Wurzel enthaltene Inulin tut Diabetikern viel Gutes.

VERWENDUNG IN DER KÜCHE

Die Schösslinge lassen sich wie Hopfen- und Spargel-Sprossen zubereiten, die Blätter als Spinat oder Salat, die einen süßen Saft enthaltende Wurzel wie Schwarzwurzel – um nur ein paar der vielen Möglichkeiten zu nennen.

SAMMELZEIT

Von Mai bis hinein in den Herbst.

Kräuterreis mit Wiesen-Bocksbart

ZUTATEN

- 2 Handvoll junge Stängel Wiesen-Bocksbart mit Blättern
- 5 Blätter Gundermann
- 5 Blätter Giersch
- 5 Stängel Vogelmiere
- 50 g Butter
- 4 Stängel Lauchzwiebel (in Ringe geschnitten)
- ⅛ l Gemüsebrühe (Fertigprodukt oder selbst zubereitet)
- 600 g Reis (gern Naturreis)

Sämtliche Kräuter vorsichtig waschen, abtropfen lassen und trocken tupfen.

Die jungen Stängel und Blätter vom Bocksbart in kleine Stücke schneiden und die Blätter hacken. Die übrigen Kräuter sehr fein hacken.

Butter zum Schmelzen bringen, darin die Lauchzwiebel-Ringe glasig andünsten. Die Wildkräuter zugeben, mit der Gemüsebrühe aufgießen und alles 10 Minuten zugedeckt etwas einköcheln lassen.

Zwischenzeitlich den Reis nach Angaben zubereiten. Die Wildkräutermischung unter den fertigen Reis heben.

Verfeinern kann man dieses Gericht mit der äußerst schmackhaften Mayrschen Gemüsesauce.

Feine Gemüsesauce nach Mayr

DIESER KLASSIKER AUS DEM »BIOLOGISCHEN KOCHBUCH« SCHMECKT HERRLICH ZU ALLEN BEILAGEN

ZUTATEN

- nach Gusto einige gemischte Wildkräuter der Saison
- 50 g Kartoffeln
- 50 g Petersilien- oder Topinambur-Wurzeln
- 30 g Butter
- 2 EL Lauchzwiebeln, fein geschnitten
- 250 g Gemüsebrühe (Fertigprodukt oder selbst gekocht)
- Meersalz
- Muskatnuss, frisch gerieben
- 1 EL saure Sahne

Kartoffeln und Gemüsewurzeln in kleine Stücke schneiden. Butter in eine Kasserolle geben, Zwiebeln darin glasig andünsten, die Gemüsewürfel zugeben und mit der Brühe aufgießen. 10 Minuten zugedeckt köcheln lassen.

Nun mit Salz, frisch geriebenem Muskat und der sauren Sahne zu einer leichten Sauce mixen. Diese bekommt einen besonderen Pfiff durch die Zugabe von fein gehackten Wildkräutern nach Geschmack.

Wiesen-Bocksbart-Ricotta-Vorspeise

Blütenknospen und Blätter des Wiesen-Bocksbartes säubern/waschen; die Blätter der Knoblauchsrauke von den Stängeln streifen, ebenfalls waschen. Sämtliche Blätter fein hacken, die Blütenknospen bleiben ganz. Die Pfefferkörner grob zermahlen und mit den Kräutern mischen.

Den Ricotta mittig auf ein Tuch geben, dessen Enden hochschlagen und festhalten und kräftig so lange auf den Käsebatzen drücken, bis kaum noch Flüssigkeit austritt. Den nun trockeneren Ricotta in der Kräuter-Pfeffer-Mischung wälzen, bis der Batzen mit gut der Hälfte der Kräutermenge bedeckt ist. Den Käse in ein großes Einmachglas legen (das Öl muss später mit hineinpassen).

Das Olivenöl erwärmen und die restlichen Kräuter zufügen. Das abgekühlte Öl mitsamt den Kräutern über den Ricotta gießen. Das Einmachglas verschließen und den Käse eine Woche lang an einem kühlen Ort marinieren lassen.

Zum Servieren den Batzen vorsichtig herausheben, in Stücke schneiden und mit Wiesen-Bocksbart garnieren. Dazu schmecken geröstetes Brot und Meersalz.

Das Kräuteröl im Glas kann man später prima für Salate und zum Braten verwenden.

ZUTATEN

- 1 Handvoll Blütenknospen vom Wiesen-Bocksbart
- 1 Handvoll Blätter vom Wiesen-Bocksbart
- 1 Handvoll Knoblauchsrauke-Stängel
- 2 Wiesen-Bocksbart-Stängel für die Garnierung
- 2 EL getrocknete rote Pfefferkörner
- 250 g Ricotta
- ca. 200 ml Olivenöl

Ausgebackene Wiesen-Bocksbart-Schösslinge im Rühreirund

ZUTATEN

20 Wiesen-Bocksbart-Schösslinge (mit Knospen, aber ohne Blüten)
10 kl. Giersch-Blätter zum Garnieren

Für den Ausbackteig
140 g Mehl
⅛ l Milch
2 Eier, Eigelb und Eiweiß getrennt
Salz
Frittierfett oder Öl zum Ausbacken

Für die Rühreier
8 Eier
100 ml Mineralwasser
Salz, Pfeffer

Die Wildpflanzen sorgfältig waschen, abtropfen lassen und trocken tupfen.

Mehl mit Milch, 2 Eigelb und etwas Salz rasch zu einem glatten Teig verarbeiten. Vorsicht, rührt man zu lange, wird der Teig zäh! Eiweiß von 2 Eiern zu steifem Schnee schlagen und unter den Teig heben.

Die Schösslinge durch den Backteig ziehen und in einem hohen Topf mit heißem Fett goldgelb ausbacken.

Die knusprigen Bocksbart-Schösslinge passen hervorragend zu einem luftigen Rührei, garniert mit frischen Giersch-Blättchen.

Fruchtige Salatcreme mit Wiesen-Bocksbart

ZUTATEN

1 Handvoll Wiesen-Bocksbart
½ Handvoll Giersch
⅛ l Tomatensaft
1 TL Tomatenmark
1 Knoblauchzehe, fein gehackt
Salz
Pfeffer aus der Mühle
1 TL Zucker
1 Spritzer Zitronensaft
2 EL Öl

Den Wiesen-Bocksbart waschen und fein hacken; den Giersch waschen und fein schneiden.

Kräuter sowie Tomatensaft, -mark und Knoblauch vermengen; mit Salz, Pfeffer, Zucker und Zitronensaft kräftig würzen.

Das Öl langsam mit feinem Strahl zufließen lassen, dabei mit dem Schneebesen kräftig rühren, bis eine fein-sämige Creme entstanden ist.

Ein herrlich fruchtig-frischer Vinaigretteersatz (oder eine Ergänzung) zu vielen Salaten!

AUSGEBACKENE WIESEN-BOCKSBART-
SCHÖSSLINGE IM RÜHREIRUND

Ringelblume

Calendula officinalis

DIE SONNENTOCHTER

Hübsches Mädchen, Sonnenbraut und viele andere liebevolle Beschreibungen des leuchtend orangefarbenen Köpfchens geben der Ringelblume ihre volkstümlichen Namen.

Sie stammt ursprünglich – als wild wachsende Pflanze – aus Indien, wo sie als Abbild der Sonne auf den Altären der Hindus verehrt wurde. Im Mittelalter zog sie dann ein in die Kloster- und Bauerngärten – um jedoch von dort aus zielstrebig erneut in die freie Natur »hinauszuwildern«. Kurzum: Ihre Eigenständigkeit lässt sich kaum reglementieren, sie wächst auch heute noch genau dort, wo es ihr behagt.

Die eigenwillige Schöne kann bis zu 60 Zentimeter groß werden. Mit ihrem behaarten Stängel und den fein-flaumigen Blättern fühlt sie sich leicht klebrig an. Die Blüten variieren in der Farbe von saftigem, vollem Gelb bis hin zu sattem Orange. Die Ringelblume blüht unermüdlich von Juni bis tief hinein in den Herbst. Kommen die Fröste spät, hat sie bis zum November ihren Auftritt.

Der Beiname officinalis deutet auf eine große Heilwirkung hin. So hat auch Hildegard von Bingen die Calendula in vielen Rezepturen verwendet. Und wie so oft stellte sich unweigerlich die Frage nach einer möglichen Verwendung der so ungemein gesunden Gesellin als Küchenkraut. In dieser Hinsicht nämlich waren unsere Vorfahren äußerst pragmatisch – wir danken es ihnen!

STANDORT

Die Ringelblume ist eine sehr genügsame Pflanze, die Sonne und Wärme liebt, ansonsten aber keine großen Ansprüche stellt.

HEILWIRKUNG

Mit ihren zahlreichen Wirkstoffen wie ätherischen Ölen, Saponinen, Glykosiden, Flavonoiden, Carotinen und vielen Gerbstoffen besitzt sie alle Merkmale, um auf Viren, Bakterien oder Pilze stark hemmend einzuwirken. Sie befördert die Wundheilung, indem sie die Bildung von Granulationsgewebe vorantreibt und dazu noch entzündungshemmend wirkt – was sich besonders positiv bemerkbar macht bei schlecht heilenden Wunden.

VERWENDUNG IN DER KÜCHE

Die Calendula hat seit dem Mittelalter als »falscher Safran« einen festen Platz in der Küche. Wir lieben sie als farbigen Salattupfer, zum Fingerfood und in Süßspeisen; klein gehackte Blätter bereichern Salate und Brotaufstriche.

SAMMELZEIT

Von April – bei genügend Sonnenwärme – bis hinein in den späten Herbst.

RINGELBLUMEN-CREME

Ringelblumen-Creme

ZUTATEN

- Für 6 Souffléförmchen
- 50 g Ringelblumen, gezupft
- 6 Blüten für die Garnierung
- 750 ml Vollmilch
- 1 Vanilleschote
- ½ Zitrone, unbehandelt
- 7 Eigelb (Gew.-Kl. M)
- 100 g Zucker
- 3 EL Speisestärke
- Puderzucker zum Bestreuen

Ein Hinweis zum Sammeln: Die Blütengröße der Ringelblume variiert stark, deshalb ist Wiegen unumgänglich. Anhaltspunkt: 5 mittelgroße Blüten ergeben ungefähr 5 g.

Die Milch, das ausgekratzte Innere der Vanilleschote und die dünn abgeschälte Schale der halben Zitrone in einem Topf aufkochen, vom Herd nehmen und 30 Minuten ziehen lassen.

Zwischenzeitlich die abgezupften Ringelblumen-Blätter in einem Mörser fein zerreiben.

Die Eigelb, den Zucker und die zerriebenen Ringelblumen-Blüten mit dem Schneebesen oder Mixer so lange schlagen, bis sich der Zucker aufgelöst hat und eine dick-cremige gelbe Masse entstanden ist.

Ein Wasserbad vorbereiten (darin muss der Topf mit der aromatisierten Milch Platz finden).

Von der aromatisierten Milch 4 EL in ein kleines Kochtöpfchen schöpfen, darin die Speisestärke klumpenfrei einrühren und kurz erhitzen. Danach wieder umfüllen in den Topf mit der aromatisierten Milch, einmal umrühren. Die cremige Eigelb-Zucker-Masse ebenfalls zur Milch geben, Kochtopf ins simmernde Wasserbad stellen und die Creme so lange langsam mit einem Schneebesen rühren, bis sie daran haften bleibt.

Die Ringelblumen-Creme in die Souffléförmchen verteilen, abkühlen lassen und danach – mit Folie bedeckt – im Kühlschrank über Nacht kalt stellen.

Zum Servieren jeweils dick mit Puderzucker bestreuen und mit einer ganzen Ringelblumen-Blüte garnieren.

Dieses Dessert lässt sich gut am Vortag zubereiten – das verschafft der Köchin anderntags Freiraum für ihre Gäste.

Ringelblumen-Butter

ZUTATEN

- 15 Ringelblumen
- 1 EL Currypulver (oder Kurkuma)
- 2 TL Salz
- 500 g Butter

Die Ringelblumen von »Mitbewohnern« befreien und die Blüten abzupfen.
Die Gewürze sorgfältig unter die weiche Butter mischen und dann vorsichtig mit einer Gabel die Blüten so einarbeiten, dass noch einige kleine Blütenzipfel zu sehen sind.

Anschließend die Butter mithilfe einer Lage Klarsichtfolie zu einer Rolle formen, in eine Gefriertüte geben und einfrieren. So ist immer ein Vorrat zur Hand!

Guter Heinrich und Melde

Chenopodium bonus-henricus und Chenopodium album

DIE GÄNSEFUSSGEWÄCHSE – EIN GRUSS AUS DER STEINZEIT

Ihr wahres Alter können sie selbst uns nicht mehr verraten. Bei Ausgrabungen in frühen Steinzeitsiedlungen fanden aber die Archäologen Samen der Gänsefußgewächse – unsere Vorfahren müssen ihren ansonsten eher einseitigen Speiseplan also mit diesem hervorragenden Lieferanten von Vitamin C, A, B, Folsäure, Kalium und Kalzium angereichert haben.

Die beiden »Gänsefüßler« (benannt übrigens nach dem Aussehen der Blätter) Guter Heinrich und Melde sind – auch geschmacklich – so eng miteinander verwandt, dass sie hier zusammen beschrieben werden können.

Der Gute Heinrich kam durchs Althochdeutsche zu seinem hübschen Namen: »Heimrich« setzt sich zusammen aus »Heim« (= Hofstatt) und »rich«, was so viel bedeutet wie »häufig« und »gut essbar«. Noch schöner klingt es bei Jacob Grimm, wo der Heinzel oder Heinz ein guter Kobold ist, der den Menschen im Hause hilft. Die oberen Blätter der Melde wirken manchmal wie mit Mehl bestäubt, daher trägt sie auch den Namen Mehlkraut.

Die Pflanzen erreichen eine Wuchshöhe von 10 bis stolzen 150 Zentimetern. Die Blätter des Chenopodiums zeigen sich mehr oder weniger stark gezähnt; die Blüten sind Scheinähren mit vielen kleinen Knöpfchen, die wir schon als Kinder abgebröselt haben – für Vögel eine Delikatesse.

Essbar ist alles an den Gänsefußgewächsen: die jungen Blätter als Salatbeigabe, die größeren blanchiert wie Spinat, die Triebe und Stängel zubereitet wie Spargel, die Blüten und die Samen als würzige, vitaminreiche Ergänzung anderen Gemüses wie Blumenkohl oder Brokkoli. Die knubbeligen Samen ergeben, blanchiert und mit Semmelbröseln geröstet, eine würzige Köstlichkeit.

STANDORT

Überall dort, wo der Boden leicht sauer und sehr stickstoffreich ist; Mauern und Wege.

HEILWIRKUNG

Nicht nur die Steinzeitmenschen, sondern auch die alten Griechen mit ihrem »Vorzeigearzt« Dioskorides und Hildegard von Bingen erkannten die Stärken der eher unscheinbaren Pflanzenfamilie. Innerlich verabreicht hilft das Kraut bei Verdauungsproblemen, Leberschäden und Stoffwechselstörungen; äußerlich angewendet lindert es Hautprobleme und Entzündungen. Verantwortlich für die Heilwirkung sind Saponine, viele Mineralstoffe, Vitamine, ätherische Öle und ein Alkaloid.

Sämtliche Gänsefußgewächse sind essbar, bis auf eine Ausnahme: der stinkende Gänsefuß. Vorm Sammeln einfach ein Blatt zerreiben – wenn es wie Hering riecht, dann schmeckt es nicht!

VERWENDUNG IN DER KÜCHE

So vielseitig sind diese uralten ewig jungen Wildpflanzen, dass man »alles« mit ihnen anstellen kann: von Salat über Beilage bis hin zu Gemüse.

SAMMELZEIT

Von April bis zu den ersten Nachtfrösten im November.

GÄNSEFUSS-RISOTTO

Gänsefuß-Risotto

Die Wildkraut-Blätter waschen, die Knoblauchzehen fein schneiden. 3 EL von dem Olivenöl in einer hohen Pfanne erhitzen und darin den Knoblauch kurz andünsten. Die Gänsefuß-Blätter zugeben und zusammenfallen lassen; mit Salz, Pfeffer und Muskatnuss würzen und etwa 5 bis 6 Minuten weiterdünsten lassen. Danach sehr fein pürieren und so viel von der Brühe zugießen, dass ein dicker Brei entsteht.

Zwiebel fein würfeln und in einem hohen Topf in dem restlichen Öl hell dünsten. Den Reis dazugeben, kurz anschwitzen, mit etwas Brühe aufgießen, umrühren. Nach und nach immer wieder Brühe zugeben, aber stets gerade nur so viel, wie der Reis aufnimmt. Dabei das Umrühren nicht vergessen! Nach ungefähr 30 Minuten sollte der Reis so weit bissfest sein, dass man das Gänsefuß-Püree zugeben kann.

Die Butter zufügen, den Parmesan darüberreiben und alles gut untermischen. Das Risotto fein dosiert mit Zitronensaft »auffrischen«; es sollte nicht zu viel Zitrone vorschmecken. Bei Bedarf noch etwas nachwürzen.

Um dieses gesunde Gericht würden uns die Steinzeitmenschen unter Garantie beneiden!

Wer es nicht rein vegetarisch möchte, kann dieses köstliche Risotto natürlich als Beilage zu Meeresfrüchten servieren.

ZUTATEN

- 3 Handvoll Blätter vom Gänsefuß (Melde und/oder Guter Heinrich)
- 3 Knoblauchzehen
- 5 EL Olivenöl
- Salz
- Pfeffer aus der Mühle
- Muskat, frisch gerieben
- 1 l heiße Gemüsebrühe (selbst gekocht oder Fertigprodukt)
- 1 Zwiebel
- 250 g Risottoreis
- 100 g Butter
- 100 g frisch geriebener Parmesan
- einige Spritzer Zitronensaft

Gänsefuß-Muffins

Den Backofen auf 200 °C vorheizen.

Die Gänsefuß-Blätter waschen, trocken tupfen und fein schneiden.

Eine Backform für 12 Muffins dünn mit Butter einfetten (auch dann, wenn sie bereits teflonbeschichtet ist) und mit Mehl bestäuben.

Die Kartoffeln würfeln und in kochendem Wasser gut 10 Minuten weich kochen, in ein Sieb geben, abtropfen lassen. In eine Schüssel füllen, zu einem Püree zerdrücken und mit Zucker, Mehl, Backpulver und den Eigelb verrühren. Die Eiweiß steif schlagen und unterheben. Die Gänsefuß-Blätter unterziehen, ebenso den Käse.

Den Teig in die Mulden verteilen und bei 200 °C 10 Minuten backen. Dann die Hitze reduzieren auf 160 °C und die Muffins für weitere 10 Minuten im Ofen lassen, bis sie aufgegangen und schön goldbraun sind.

Aus dem Ofen nehmen und noch warm servieren. Besonders lecker: mit Butter bestrichen.

ZUTATEN

Für 12 Stück

- 1 Handvoll Gänsefuß-Blätter
- etwas streichfähige Butter
- etwas Mehl
- 175 g mehlig kochende Kartoffeln
- 2 EL brauner Zucker
- 125 g Mehl
- 2 TL Backpulver
- 4 Eier (Gew.-Kl. L), getrennt
- 150 g frisch geriebener Emmentaler

Gänsefuß-Kartoffel-Serviettenknödel

ZUTATEN

Für den Teig

- 220 g Kartoffeln
- 60 g Butter
- 120 g Mehl
- ½ TL Backpulver
- ½ TL Salz

Für die Füllung

- 3 Handvoll frische Blätter vom Gänsefuß (Melde und/oder Guter Heinrich)
- 1 EL gehackte Sauerampfer-Blätter
- 3 EL Öl
- 150 g durchwachsener geräucherter Speck
- 1 mittelgr. Zwiebel
- 1 Knoblauchzehe
- 2 EL Mehl
- 150 ml Gemüsebrühe (selbst gekocht oder Fertigprodukt)
- Salz
- Pfeffer
- 1 gr. Stoffserviette (alternativ 1 kl. Küchenhandtuch)
- 200 g Butter
- einige Sauerampfer-Blätter für die Garnierung

ZUERST WIRD DER KARTOFFELTEIG ZUBEREITET

Kartoffeln kochen und gut zerdrücken. Butter zugeben und das Mus etwas abkühlen lassen.

Mehl, Backpulver und Salz zu der Kartoffelmasse geben. Zu einem Teig verkneten und diesen auf einem bemehlten Backpapier fingerdick zu einem Rechteck ausrollen.

DIE KÖSTLICHE FÜLLUNG ENTSTEHT

Die Blätter vom Gänsefuß waschen und in kochendem Salzwasser kurz blanchieren; absieben und gut pürieren.

Das Öl in einer Pfanne erhitzen, den in Würfel geschnittenen Speck glasig anbraten, mit einem Sieblöffel wieder herausheben und auf die Seite stellen. In dem verbliebenen Fett die Zwiebel und den Knoblauch – beides fein gehackt – goldgelb anbraten, mit Mehl bestäuben, kurz weiterrösten und mit der Brühe ablöschen. Die dick-sämige Sauce würzen, kurz aufkochen lassen und zu dem Gänsefuß-Püree geben. Das Ganze etwas eindicken lassen.

DEN SERVIETTENKNÖDEL FERTIGSTELLEN

Den vorbereiteten Kartoffelteig mit dem Wildkräuterpüree bestreichen. Den gebratenen Speck und die gesäuberten, gehackten Sauerampfer-Blätter darübergeben.

Den Teig mit der Füllung von der Breitseite her zu einer festen Roulade rollen. An den beiden Enden den Teig gut zusammendrücken, damit nichts herausquillt.

Die Serviette sorgfältig mit etwas zerlassener Butter einstreichen (dazu die Gesamtmenge Butter schmelzen und hiervon etwas abzwacken). Die Roulade auf das Tuch legen und einwickeln; die Enden der Serviette werden mit Küchengarn zugebunden.

So vorbereitet, wird der Serviettenknödel fast bedeckt von Salzwasser für 30 Minuten leicht simmernd gekocht.

Währenddessen die bereits zerlassene Butter auf mittlerer Stufe goldbraun werden lassen.

Den garen Knödel vorsichtig aus dem Wasser nehmen, aus der Serviette wickeln und in dicke Scheiben schneiden. Mit einigen Sauerampfer-Blättern garniert und der gebräunten Butter übergossen servieren.

Verlorene Eier auf einem Bett aus Guter Heinrich

DIE VERLORENEN EIER ZUBEREITEN

In einen Topf gut 15 cm hoch Wasser einfüllen, dabei die Wassermenge abmessen. Denn es ist wichtig, pro Liter 3 EL Essig zuzugeben. Diese Mischung aufkochen lassen.

Nun werden die verlorenen Eier einzeln nacheinander zubereitet: Ein Ei aufschlagen, das Innere in einen nassen Schöpflöffel geben und aus diesem vorsichtig ins kochende Wasser gleiten lassen. Wichtig: Mit dem nächsten Ei warten, bis das Wasser wieder sprudelt. Wenn alle Eier im Essigwasser schwimmen, den Topf vom Herd nehmen und die Eier 5 weitere Minuten ziehen lassen. Die Eier herausschöpfen und allzu ausgefranste Ränder etwas begradigen.

DAS »FINISH«

Den Backofen auf 200 °C Oberhitze und 180 °C Unterhitze vorheizen.

In der Zwischenzeit vom Guten Heinrich die Blätter abstreifen, die Stielenden abschneiden und die Blätter waschen. Eine tiefe Pfanne heiß werden lassen, die Schalotten in Butterschmalz andünsten, den Guten Heinrich zugeben, salzen und pfeffern. Einmal umrühren, wenden und sofort aus der Pfanne nehmen.

Die feuerfeste Form ausbuttern und darin die Schalotten-Kräuter-Mischung verteilen. Darauf die verlorenen Eier legen.

Die Sahne mit dem Parmesan und den Semmelbröseln verkleppern und über die Eier und den Guten Heinrich geben.

Die restliche Butter auslassen und über das Backgut träufeln.

In den Backofen schieben und goldbraun überbacken lassen.

Salzkartoffeln runden dieses einfache Gericht mit der besonderen Note ab.

ZUTATEN

- 200 g Guter Heinrich (= ca. 2 gute Handvoll Stängel)
- 4 Eier
- einige TL Essig
- 2 Schalotten, fein geschnitten
- 1 EL Butterschmalz
- Salz
- Pfeffer aus der Mühle
- 50 g Butter (25 g zum Einfetten der Form, 25 g zum Auslassen)
- 350 g Schlagsahne
- 1 EL Parmesan, frisch gerieben
- 1 EL Semmelbrösel
- feuerfeste Form

Gänsefuß-Pesto

Gänsefuß und Sauerampfer waschen, trocknen und sehr fein schneiden.

Ein Schuss Öl gut mit den Kräutern vermengen; nach und nach Sesam und Parmesan untermischen sowie bei Bedarf weiteres Olivenöl, bis eine körnig-sämige Paste entsteht. Das Pesto (von italienisch pestare = zerstampfen) in ein verschließbares Glas füllen, oben mit etwas Öl bedecken.

ZUTATEN

- 2 Handvoll Gänsefuß-Blätter
- einige Sauerampfer-Blätter
- Olivenöl
- 50 g Sesamkerne
- 50 g geriebener Parmesan

Wilde Minzen

(Ackerminze) Mentha arvensis, (Wasserminze) Mentha aquatica, (Rossminze) Mentha longifolia

DREIFACH GEBALLTE FRAUENPOWER

Allgemein bekannt unter dem Oberbegriff wilde Pfefferminze, handelt es sich genau genommen um drei Schwestern aus derselben Pflanzengattung. Die wilden Weiber sind schon uralt, haben sich allerdings bei uns bestens eingerichtet.

Generell fühlen sich alle drei am wohlsten auf feuchten, stickstoffreichen Böden, können aber auch gut mit trockeneren Gefilden umgehen. Die Wasserminze, vom Duft her die zarteste, liebt ihrem Namen nach Ufer, Gräben, Nass- und Moorwiesen als Standort. Die Ackerminze hat sich mehr dem Land zugewendet, siedelt mit Vorliebe neben landwirtschaftlichen Flächen. Die Rossminze hingegen – die wohl bekannteste Vertreterin – legt sich da erst gar nicht fest.

Vom Aussehen her unterscheiden sich die drei in der Blütenanordnung und, bei genauerem Hinsehen, auch hinsichtlich ihrer Blätter. Die Ackerminze besitzt kleine Blütenkränze, angeordnet rund um den Stängel und die Blattabzweigungen; ihre Krone dagegen ist blütenlos. Die Wasserminze hat die helleren Blätter, ihre Blüten sitzen oben am Stängel, rundherum als Schopf, und sie kühlt ständig ihre Füße im Wasser. Bei der Rossminze stehen die Blüten kurz gestielt in Scheinähren am Ende des Stängels. Die Blütenfarbe variiert von hellrosa über lila bis violett; die Blütezeit erstreckt sich von Juni bis fast Oktober. Das aber sind fast reine Äußerlichkeiten! In Sachen Inhaltsstoffe, Heilwirkung und Geschmack nämlich ist das Trio unzertrennlich. Also reden wir im Weiteren frech von »der Minze«.

Historisch gehört die Minze zu den ältesten Heil- und Ritualpflanzen der Menschen. Die Druiden sahen die Minze als heilige Pflanze an, bei den Kelten war sie das Symbol für Reichtum und Glück. Die Römer trugen bei Trinkgelagen Kränze aus Minze um den Kopf, um dem vorhersehbaren Kater zu entgehen. Bei Festlichkeiten bestreute man den Boden mit Minze, um die Esslust der Gäste anzuregen.

Aber auch um den medizinischen Aspekt wusste man schon damals – das frische Kraut stärkt nämlich Körper und Geist gleichermaßen.

STANDORT

Von fast trocken bis feucht und nass, von lehmig bis sandig besiedelt die Minze fast alle Böden: Feuchtwiesen, Bachufer, Waldwege.

HEILWIRKUNG

Durch Inhaltsstoffe wie Flavonoide, Gerbstoffe, ätherische Öle und Menthol wirkt die Minze unter anderem keimtötend, krampflösend, schmerzstillend, entzündungshemmend, erkältungslindernd, verdauungsfördernd.

Vorsicht bei Säuglingen und Kleinkindern! Minzöl nicht in die Nähe von Nase und Mund bringen, es kann die Atmung behindern, da die ätherischen Öle in zu großen Mengen Herzrhythmusstörung hervorrufen können. Auch Schwangere sollten besser auf Minze verzichten.

VERWENDUNG IN DER KÜCHE

Als Tee, in Suppen, Salaten, Saucen, Fleischgerichten, Nachspeisen und Torten. Kurzum: Es gibt kaum einen lukullischen Bereich, in dem sich die Minze nicht wohlfühlt.

SAMMELZEIT

Juni bis Oktober; am besten in der Mittagszeit, da sich dann die ätherischen Öle besonders gut entfalten.

Minze-Schoko-Tarte

ZUTATEN

- 2 Handvoll wilde Minze (Acker-, Ross- oder Wasserminze nach Geschmack)
- 300 g Schokolade (mind. 70 % Kakaoanteil)
- 300 g Butter
- 6 Eier
- 250 g Zucker
- 1 Pr. Salz
- 120 g Mehl (doppelgriffiges, das ist feiner zum Einstreuen)

Die Minze waschen und trocken tupfen. Zwei Stängel für die Garnierung beiseite legen, alle anderen Blättchen abzupfen und fein schneiden. Letzteres bitte auf einem nassen Brett, damit die Geschmackselemente nicht verschwinden.

Die Schokolade hacken und im Wasserbad zum Schmelzen bringen. Butter hinzufügen, sorgsam verrühren. Eier, Zucker und Salz mithilfe eines Schneebesens gut verquirlen, Minze-Blättchen und Mehl zugeben und alles zusammen zu einer glatten Masse vermengen.

Den Teig in eine gefettete 28 bis 30 cm große Tarteform geben, glatt streichen und im vorgeheizten Backofen bei 170 °C für 30 bis 40 Minuten backen. Nach etwa 25 Minuten die Farbe der Tarte prüfen; falls sie allzu dunkel zu werden droht, mit Alufolie abdecken. Nach Ende der Backzeit aus dem Ofen sowie aus der Form nehmen und auf einem Gitter abkühlen lassen.

Mit den Minze-Blättchen hübsch garnieren.

Das Besondere an dieser Tarte – neben der genialen Kombination Schokolade und Minze – ist ihre Konsistenz: Isst man sie noch warm, erfreut uns ein weiches Geschmackserlebnis; je kühler der Kuchen wird, umso fester wird er zugleich.

Marinierter Minze-Käse

ZUTATEN

- 1 Handvoll wilde Minze (= 2 EL gehackt)
- 300 ml Olivenöl
- Schale 1 Bio-Zitrone
- 1 Chilischote
- 1 TL schwarzer Pfeffer aus der Mühle
- 1 TL Meersalz
- 1 EL grob gehackte Kapern
- 2 Portionen Weichkäse (2 x 250 g)

Die Minze waschen und fein hacken.

Für die Marinade das Olivenöl in eine Schüssel gießen. Die Schale der Zitrone hauchdünn abziehen, die Chilischote in feine Ringe schneiden; beides zum Öl geben. Den frisch gemahlenen Pfeffer (circa 2 EL) darüberstreuen, ebenso das Salz. Die Kapern zufügen. Als Letztes die fein gehackte Minze unterziehen und die Marinade gut durchmischen.

Die Käseportionen in 4 Scheiben schneiden und in die Marinade legen; bei Bedarf etwas von der Marinade obenauf schöpfen. Für 2 Tage an einem kühlen Ort durchziehen lassen.

Ein ungemein erfrischendes Minze-Erlebnis, zu dem gut ein kräftiges dunkles Brot passt!

MINZE-SCHOKO-TARTE

Quendel, der wilde Thymian *Thymus serpyllum*
Dost, der wilde Majoran *Origanum vulgare*

DIE ZWEI GEWÜRZIGEN

Beide Wildkräuter hingen schon im Mittelalter vereint in einem Kranz an Türen und Fenstern. Und erfüllten dort zwei wichtige Funktionen: Der Quendel holte das Glück ins Haus, während der Dost seinerseits aufpasste, dass weder Neider noch finanzielles Ungemach die Türschwelle passierten. Gemeinsam stellten sie sozusagen die Schutzwache. Zu Sträußen aufgehängt, besaß der Dost zudem eine große Kraft gegen Hexen und Teufel; verbrannte man ihn trocken im Ofen, war das Haus vor Blitzschlag sicher. So glaubte man zumindest früher …

Trotz dieser kraftvollen Seelenverwandtschaft besitzt jedes Kraut einen ureigenen Charakter und auch dessen Verwendungsmöglichkeiten in der Küche unterscheiden sich – deshalb behandeln wir die beiden hier separat.

DER WILDE THYMIAN: »DER GLÜCKSBRINGER«

Der Quendel ist ein sehr genügsamer, niedriger Kräutervertreter und blüht je nach Standort von Mai bis spät in den Herbst. Die Blätter sind klein und sitzen an fast holzigen Stängeln, die wiederum an ihren Enden mit kleinen Blüten von hellrosa bis pink geschmückt sind, manchmal kugelig bis ährenförmig.

Beim Zerreiben des wilden Thymians steigt einem ein unvergleichlich würzig-aromatischer Duft in die Nase. Beim Sammeln verwendet man am besten eine Schere, um die zarten Wurzeln nicht zu beschädigen, die nah der Oberfläche den Boden durchziehen. Sein Geschmack ist leicht bitter bis zitronenartig. Dafür sind die vielen wohltuenden Inhaltsstoffe verantwortlich – wir wissen aus eigener Erfahrung, dass eine etwas bittere Note unserem Magen meist gut tut.

Bereits in der Antike kannte man die vielfältige Heilwirkung des Quendels. Und die Germanen weihten das Kraut gar Freya, ihrer Göttin der Liebe, Fruchtbarkeit und Ehe, weil es nämlich den Frauen Gutes tat. So betrachtet denn auch die Volksheilkunde den wilden Thymian als »Frauenkraut«: Durch seine krampflösende Eigenschaft vermag er Menstruationskrämpfe zu lindern; man sagt ihm sogar nach, die Geburt zu erleichtern und den Zyklus regulieren zu können. Dieses Wissen nutzte und erweiterte auch Hildegard von Bingen.

STANDORT

Trockene und steinige Plätze, wo die Sonne die Erde wärmt, sind das bevorzugte Revier des wilden Thymians.

HEILWIRKUNG

Bei Problemen mit der Verdauung hilft der Quendel mit den Inhaltsstoffen Thymol und diversen Gerbstoffen. Seine ätherischen Öle, Bitterstoffe und Flavonoide machen ihn so vielseitig in der Anwendung. Auch bei Hautkrankheiten bringt er Erfolge.

VERWENDUNG IN DER KÜCHE

Das sehr kräftige Kraut, vergleichbar mit dem »Kulturbruder« Thymian, wirkt verdauungsfördernd bei schwer im Magen liegenden Gerichten. Es macht sich zudem gut in Suppen und Gemüsen, als Salatgewürz und in Kräutersaucen. Berühmt sind die von Hildegard von Bingen kreierten Kekse gegen die Vergesslichkeit.

SAMMELZEIT

Je nach Wetterlage von Mai bis in den späten Herbst. Blätter und Blüten kann man wunderbar trocknen und im Winter verwenden.

VERWENDUNG IN DER KÜCHE

Seine wichtigste Aufgabe im kulinarischen Bereich: das Würzen der Pizza, da ist er unschlagbar, genau wie sein »Kulturbruder«, der Majoran. Frische Blätter eignen sich als Salat- und Gemüsewürze sowie als Beigabe zu Reisgerichten.

SAMMELZEIT

Am besten in der trockenen Mittagszeit, da entfaltet sich das Aroma am intensivsten. Zum Trocknen erst in die Sonne hängen und anschließend zum Gutdurchtrocknen in den Schatten legen. Frische Blätter sind am zartesten vor der Blüte. Ansonsten eignet sich das ganze Kraut von Juni bis in den Herbst hinein.

DER WILDE MAJORAN: »DER SORGENABWENDER«

Der Dost (oder auch: Oregano) ist wie sein Kumpel ein großer Sonnenanbeter, Wärme und Trockenheit liegen ihm. Er wird im Unterschied zum Quendel allerdings manchmal stolze 50 Zentimeter hoch, besitzt oft einen roten behaarten Stängel. Der wilde Majoran blüht rot bis violett, sehr ansehnlich. Die kleinen Blüten sind in Büscheln an den Enden jedes Zweiges angeordnet. Auch bei diesem Gesellen ist der aromatische Duft beim Reiben der Blüten und Blätter unverwechselbar.

STANDORT

Man findet den Dost an steinigen Böschungen, an südlich ausgerichteten Wiesen und Waldhängen.

HEILWIRKUNG

Wie der wilde Thymian hilft auch der wilde Majoran gegen Verdauungsbeschwerden, Appetitlosigkeit und Durchfall. Seine krampflösende Wirkung verdankt er ebenfalls seinen Inhaltsstoffen: den Gerbstoffen, Bitterstoffen, ätherischen Ölen und dem Thymol.

Vorsicht in der Schwangerschaft! Während dieser neun Monate sollten wilder Thymian wie auch wilder Majoran nur in äußerst geringen Mengen genossen werden. Bedingt durch die krampflösende Wirkung kann er leicht wehenfördernd wirken.

Quendel-Essig

Den frisch gepflückten Quendel bei Bedarf säubern und 14 Tage lang trocknen lassen. Anschließend in dem Apfelessig zugedeckt 2 Wochen ziehen lassen; danach filtern und den Essig in hübsche Flaschen umfüllen.

Gefiltert wird durch ein Leinentuch und zum Schluss durch einen Kaffeefilter, damit wirklich alle festen Bestandteile entfernt werden. Wichtig dabei: sauber und akribisch zu arbeiten – eventuell auch ein zweites Mal zu filtern –, sonst gibt es schleimige Rückstände.

Der Essig entzieht den Pflanzen die wasserlöslichen Wirkstoffe und erhält dadurch seinen Wohlgeschmack.

ZUTATEN

- 10–15 Zweige Quendel mit Blüten
- 1 l Apfelessig

Quendel-Kekse

DIE VON HILDEGARD VON BINGEN KREIERTE NASCHEREI GEGEN DIE VERGESSLICHKEIT

Sämtliche Zutaten bis auf die Mandeln rasch zu einem Mürbeteig kneten; den Teigbatzen für 1 Stunde in den Kühlschrank stellen.

Danach nochmals durchkneten und den Teig zu einer dicken Rolle formen (von circa 4 cm Durchmesser), davon etwa 0,5 cm dicke Kekse abschneiden, diese auf ein mit Backpapier bedecktes Backblech legen und obenauf eine abgezogene Mandel platzieren.

Im vorgeheizten Backofen bei 150 °C backen, bis die Kekse goldbraun sind. Hildegard von Bingen gab keine Backzeiten an, somit muss man etwas experimentieren.

Täglich ein paar dieser Plätzchen gegessen – und schon soll es bald vorbei sein mit Vergesslichkeit und Nervenschwäche!

ZUTATEN

- 8 Zweige Quendel (getr., gerebelt und im Mörser gemahlen)
- 1 kg feines Dinkelmehl
- 300 g Butter
- 240 g Rohrzucker
- 4 Eier
- je Keks 1 ganze abgezogene Mandel

RUMPSTEAK MIT QUENDEL-KRUSTE AUF HEISSEM STEIN

Rumpsteak mit Quendel-Kruste auf heißem Stein

Vom Kräutersammeln diesmal nicht nur den Quendel, sondern auch einen flachen Stein mitbringen (Schiefer oder Granit), der Platz bietet für 4 Steaks. Dieser wird gründlich gereinigt. Ergänzend zum Stein eine feuerfeste Platte bereitstellen. Den Backofen auf 200 °C vorheizen; wenn die Temperatur erreicht ist, den Stein in den Ofen legen.

Die eingelegten Pfefferkörner abtropfen lassen und in einem Schälchen flach drücken, mit den Gänseblümchen-Kapern vermischen und das Schälchen zunächst beiseite stellen.

Den Quendel gut ausschütteln. Zwei Zweiglein werden später für die Garnierung verwendet, von den übrigen die Blätter und Blüten in ein offenes Gefäß abstreifen.

Die Rumpsteaks an den Rändern senkrecht einschneiden, mit Salz und Pfeffer gut würzen und von beiden Seiten mit etwas Öl bepinseln. In einer bereits heißen Grillpfanne einen ordentlichen Schuss Öl erhitzen und die Steaks von jeder Seite ungefähr 4 Minuten grillen; anschließend zwecks »ruhendem Durchziehen« beiseite stellen.

Nun in einer kleinen Kasserolle die Butter schmelzen lassen, den Zitronensaft zufügen und die Pfefferkörner-Kapern-Mischung unterheben; beiseite stellen.

Den heißen Stein aus dem Backofen nehmen und auf die feuerfeste Platte legen. Die Hälfte des gerebelten Quendels auf den Stein streuen – sofort steigt einem der würzige Dampf in die Nase! – die Rumpsteaks darauf platzieren, mit der buttrigen Pfeffer-Kapern-»Paste« bestreichen und die restlichen Kräuter darüberstreuen.

Das Aroma der Kräuter ist auch geschmacklich eine Offenbarung! Dazu passen Pellkartoffeln und ein knackiger Wildkräutersalat.

ZUTATEN

- 2 Handvoll Quendel
- 1 EL eingelegter grüner Pfeffer
- 2 EL Gänseblümchen-Kapern (siehe gleichnamiges Rezept)
- 4 Rumpsteaks à 200 g
- ½ TL Salz
- Pfeffer aus der Mühle
- einige EL Öl
- 6 EL Butter
- Saft von ½ Zitrone

Grillgewürz kreolisch

Die Kräuter im Mixer oder in einer elektrischen Kaffeemühle mahlen, mit den anderen Gewürzen gut vermischen und in einem dunklen, gut zu verschließenden Glas aufheben.

Diese Gewürzmischung schmeckt wunderbar zu gegrilltem Fisch, Fleisch, Gemüse sowie zu Schalen- und zu Krustentieren.

ZUTATEN

- 1 EL getr., gerebelter Quendel
- 1 EL getr., gerebelter Dost
- 1 TL Kreuzkümmel
- 2 EL Salz
- 1 EL Knoblauchpulver
- 1 EL Zwiebelpulver
- 1 EL weißer Pfeffer aus der Mühle
- 2 TL Cayennepfeffer

Kalbsschnitzel auf Dost-Sugo an Spaghettiring

ZUTATEN

- 1 Handvoll Dost-Stängel (auch mit Blüten)
- 500 g sehr reife Tomaten (oder 1 gr. Dose à 480 g geschälte Tomaten)
- 2 Möhren
- 2 Stangen Sellerie
- 1 Zwiebel
- 1 Knoblauchzehe
- 2 EL Öl
- 1 EL Tomatenmark
- 1 Pr. Zucker
- Salz
- schwarzer Pfeffer aus der Mühle
- 4 »Ochsenherz«-Tomaten
- 4 EL Olivenöl
- 500 g Spaghetti
- 1 TL Chilifäden
- 4 Kalbsschnitzel à 180 g

Den Dost waschen, trocknen, 2 Stängel beiseite legen für die Garnierung. Die Blättchen abzupfen und grob schneiden.

Die frischen Tomaten kreuzweise einschneiden, kurz in heißes Wasser legen, abhäuten und grob zerkleinern.

Die Möhren schälen, den Sellerie waschen und putzen, die Zwiebel und den Knoblauch ebenfalls schälen. Das Gemüse in gleich große Würfel schneiden.

2 EL Öl in einem Topf erhitzen und die Gemüsewürfel anbraten. Die zerkleinerten Tomaten, das Tomatenmark, die Prise Zucker, die Dost-Blättchen sowie Salz und Pfeffer zugeben. Zugedeckt bei kleiner Hitze ungefähr 30 Minuten köcheln lassen.

Zwischenzeitlich von den 4 »Ochsenherzen« einen Deckel abschneiden (diesen kann man, klein geschnitten, im Sugo mitverwenden).

Die »Ochsenherzen« mit der Schnittfläche nach unten in eine heiße Pfanne setzen, bei mittlerer Hitze fleißig mit dem Olivenöl begießen. Nach gut 5 Minuten die Tomaten vom Herd und aus der Pfanne nehmen, warm stellen. Die Pfanne grob auswischen; sie wird zum Schluss nochmals gebraucht.

Wasser in einem großen Topf aufkochen lassen, ordentlich salzen und die Spaghetti mitsamt den Chilifäden al dente kochen. Das Wasser – bis auf einen kleinen Rest, der die Spaghetti am Verkleben hindert – abgießen, Spaghetti warm stellen.

Die Pfanne mit etwas Öl heiß werden lassen, Kalbsschnitzel darin auf mittlerer Temperatur von beiden Seiten goldbraun braten, zwischendurch würzen.

Auf vorgewärmten Tellern den Sugo anrichten und darauf die Kalbsschnitzel platzieren. Jeweils ein »Ochsenherz« ergänzen und die – zuvor mit einer Gabel im restlichen Wasser aufgelockerten – Spaghetti als Ring um die Schnitzel herumlegen. Mit ein paar Chilifäden und Dost-Stängeln garnieren.

KALBSSCHNITZEL AUF
DOST-SUGO AN SPAGHETTIRING

Beifuß

Artemisia vulgaris

EIN MAGIER AUS ALTEN WELTEN SCHLIESST DEN KRÄUTERREIGEN

Der Gemeine Beifuß sieht auf den ersten Blick eher unauffällig aus, kommt recht bescheiden farblos daher. Obwohl von seiner Statur her deutlich in die Höhe strebend und hinsichtlich seines Vorkommens sehr zahlreich, wandert unser Auge oft über ihn hinweg und bleibt an auffälligeren Pflanzen hängen. Dabei kann der auch als »Weiberkraut« bekannte Korbblütler beachtliche zwei Meter hoch werden. Seine Stängel sind hart und kantig, die tief gezahnten Blätter außen dunkelgrün und auf der Unterseite weiß und filzig. Die Blüten erscheinen als kleine runde Knötchen in Rispen. Die Blätter der Gewürzpflanze schmecken vor der Blüte weniger bitter, leicht pfeffrig, ein bisschen nach Wacholder und etwas nach Anis.

Der Beifuß blickt auf eine imposante Vergangenheit zurück, die seine Gestalt fast heroisch erscheinen lässt. So gehörte er zu den wichtigsten Ritualpflanzen unserer Vorfahren. Doch trotz ritueller Anwendung seit Zehntausenden von Jahren ist keinerlei halluzinogene Wirkung nachweisbar. Was seiner Beliebtheit allerdings keinerlei Abbruch tat: Chinesen, Ägypter, Griechen, Römer, Germanen – alle verehrten sie ihn.

Das würzige Kraut fungierte zudem als »Bindeglied« zwischen den Lebenden, den Ahnen und der Götterwelt. Und an steinernen Monumenten aus der Epoche der Gotik sieht man das Beifuß-Blatt oft als Abschlussschmuck.

Man nutzt(e) den wilden Gesellen von Kopf bis Fuß, von der Blüte über die Blätter bis hin zur Wurzel. Und auch er stellt(e) – wie viele seiner Pflanzenkameraden – einen Teil seiner heilenden Kräfte in den Dienst der Frauen.

Aus all dem stammt auch die Erkenntnis: Was dem ganzen Körper gut tut, kann für den Magen nicht verkehrt sein. Oder anders gesagt: Ein Gesundheitseffekt verhilft manchmal sogar zu neuen Geschmackserlebnissen!

STANDORT

An Weg- und Straßenrändern, auf Schuttplätzen und in Steinbrüchen.

HEILWIRKUNG

Die Inhaltsstoffe des Beifußes – Campher, ätherische Öle, Flavonoide, Cumarin, Säuren und Gerbstoffe – geben ein Spektrum an Möglichkeiten vor: von der Behandlung der klassischen Frauenleiden über den Einsatz als Krampflöser, bei Magen-Gallen-Problemen und bei »Nervenunruhe«. Sogar im Kampf gegen die Malaria wird der Wirkstoff Artemisinin erprobt.

Bei einer Pollenallergie gegen Ambrosia ist es angebracht, sich vom Beifuß fernzuhalten, da Ambrosia-Allergiker ebenfalls Probleme bei den Beifuß-Pollen bekommen.

VERWENDUNG IN DER KÜCHE

Als Würzkraut für Eintöpfe, Gerichte mit Hülsenfrüchten; zur Herstellung von Kräuteressig.

SAMMELZEIT

Die jungen Blätter vor der Blüte bis in den Mai; ansonsten das ganze Kraut bis hinein in den Herbst. Die Wurzel erntet man im Spätherbst bis zum ersten Frost.

BEIFUSS-GEMÜSE AUS
DEM WOK MIT BRATWURSTZÖPFEN

Beifuß-Gemüse aus dem Wok mit Bratwurstzöpfen

Die Blätter von den drei Stängeln Beifuß abstreifen und waschen. Ein Drittel der Blätter wird unzerteilt für die Garnierung beiseite gelegt; das zweite Drittel wird grob zerschnitten, das letzte Drittel Blätter bleibt ebenfalls ganz.

Das Gemüse und die Kartoffeln putzen, waschen, in gleich große Würfel schneiden und auf eine Platte legen, getrennt nach Gemüsesorten (Letzteres ist wichtig!). Den Knoblauch enthäuten und grob hacken.

Den Wok anheizen und 3 EL Öl zufügen. Zuerst den Sellerie hineingeben, umrühren; als Nächstes die Kartoffeln und die Möhren zufügen, zum Schluss die grob zerteilten Beifuß-Blätter. Das Gemüse gut 10 Minuten unter ständigem Wenden schmoren lassen. Anschließend den Lauch, die Zwiebel, die Zucchini und den Knoblauch hinzufügen und die Hühnerbrühe zugeben. Die restlichen 3 El Öl zugeben und das Gemüse weitere 10 Minuten unter ständigem Rühren im Wok belassen. Vom Herd nehmen und warm stellen. Erst kurz vor dem Servieren mit Salz und Pfeffer gut würzen.

Aus jeweils drei Bratwürstchen einen Zopf flechten, die Enden mit einem Zahnstocher fixieren; in Öl goldbraun braten.

Zum Servieren die Bratwurstzöpfe auf das eine Drittel ganzer Beifuß-Blätter legen, das Wokgemüse zugeben, mit den restlichen ganzen Blättern garnieren.

ZUTATEN

- 3 frische Stängel Beifuß mit Blüten
- ½ l Hühnerbrühe (selbst hergestellt oder Fertigprodukt)
- 1 Knollensellerie
- 1 Stange Lauch
- 1 dicke Gemüsezwiebel
- 3 Möhren
- 1 Zucchini
- 250 g Kartoffeln
- 2 Knoblauchzehen
- 6 EL Öl
- Salz, Pfeffer aus der Mühle
- 1 Wok
- 12 dünne Bratwürstchen
- Zahnstocher

Vier-Räuber-Essig

ZUBEREITET NACH EINER ALTEN »RÄUBERPISTOLE«

Die Kräuter säubern, waschen und in ein Gefäß geben. Den Apfelessig zugießen und alles gut zugedeckt 2 Wochen ziehen lassen.

Sorgfältig abfiltern (zunächst durch ein Leinentuch, danach durch einen Kaffeefilter aus Papier) und in dunkle, verschließbare Flaschen umfüllen.

Im Jahr 1630 wütete in Toulouse eine schreckliche Pestepidemie. Aus dieser Zeit stammt die folgende Legende: Die Einwohner der Stadt lebten tagtäglich in Angst und Schrecken. Lediglich vier finstere Gesellen hegten keinerlei Sorge vor einer Ansteckung. Im Gegenteil, sie raubten die Häuser der Todgeweihten systematisch aus. Als sie schließlich festgenommen wurden und sich vor die Wahl gestellt sahen, den Grund für ihre Sorglosigkeit preiszugeben oder aber zu sterben, wählten sie das Leben. Und verrieten im Verhör: Sie hätten sich ein Mittel zusammengebraut, das sie schützen würde. Dieses Rezept wurde später im Stadtarchiv von Toulouse entdeckt: Es handelte sich um einen Essig mit stark antibakteriell wirkenden Wildpflanzen.

ZUTATEN

- Beifuß, Quendel, Sauerampfer, Weidenröschen und Wegerich (jeweils zu gleichen Teilen)
- 1 l Apfelessig

Kräuterkalender

DIE BESTEN ERNTEZEITEN FÜR BLÜTEN, BLÄTTER UND WURZELN

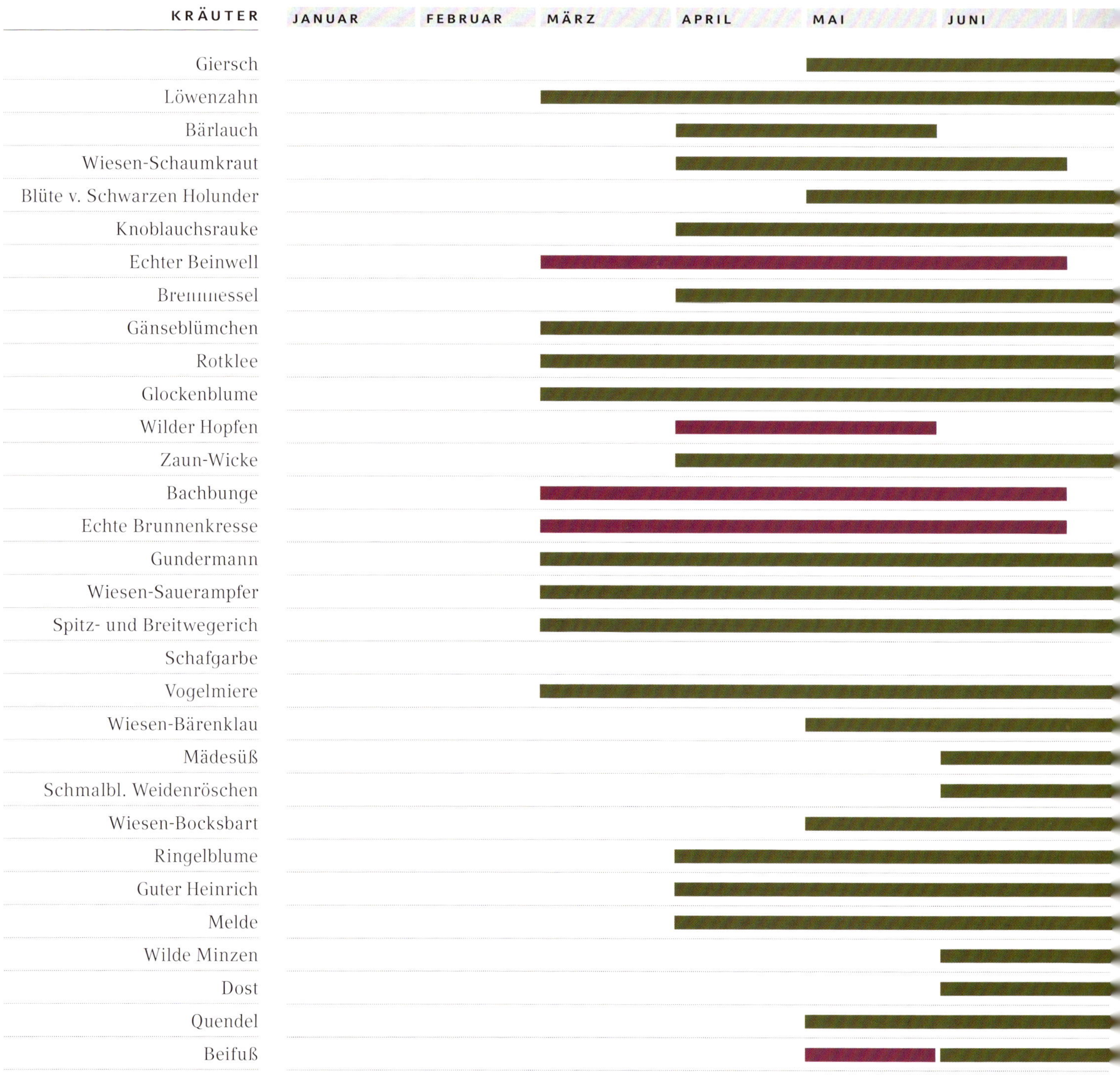

■ BLÜTEN ■ BLÄTTER

KRÄUTER	JULI	AUGUST	SEPTEMBER	OKTOBER	NOVEMBER	DEZEMBER
Giersch	■	■				
Löwenzahn	■	■	■	■		
Bärlauch						
Wiesen-Schaumkraut						
Blüte v. Schwarzen Holunder	■					
Knoblauchsrauke	■					
Echter Beinwell			■	■	■	
Brennnessel	■	■	■			
Gänseblümchen	■	■	■	■	■	
Rotklee	■	■				
Glockenblume	■	■				
Wilder Hopfen		■	■			
Zaun-Wicke	■	■				
Bachbunge				■	■	■
Echte Brunnenkresse				■	■	■
Gundermann	■	■	■	■		
Wiesen-Sauerampfer	■	■	■	■		
Spitz- und Breitwegerich	■	■	■	■		
Schafgarbe	■	■				
Vogelmiere	■	■	■	■	■	
Wiesen-Bärenklau	■	■	■			
Mädesüß	■	■				
Schmalbl. Weidenröschen	■	■				
Wiesen-Bocksbart	■	■	■	■		
Ringelblume	■	■	■	■		
Guter Heinrich	■	■	■	■	■	
Melde	■	■	■	■	■	
Wilde Minzen	■	■	■	■		
Dost	■	■	■	■	■	
Quendel	■	■	■	■	■	
Beifuß	■	■	■	■		

Kräuterkalender.

Rezeptverzeichnis nach Wildkräutern

Register (Sachbegriffe und Rezepte)

Quellen / Literaturnachweis

LITERATUR

Aichele, Dietmar: Was blüht denn da?, Franckh-Kosmos Verlags-GmbH & Co. KG, Stuttgart 2008

Fleischhauer, Steffen Guido, Guthmann, Jürgen, Spiegelberger, Roland: Essbare Wildpflanzen, AT Verlag, Baden und München 2007

Graupe, Friedrich/Koller, Sepp: Delikatessen aus Wildkräutern, Das Wildpflanzen-Kochbuch, Verlag Orac im Verlag Kremayr & Scheriau, Wien 1992

Grüning, Susanne-Lilian: Das Wissen der Kräuterhexen, Die wirksamsten Kräuter- & Heilrezepte, Verlagsgruppe Weltbild Verlag, Augsburg 2003

Költringer, Claudia: Altes Kräuterwissen wieder entdeckt, BLV Buchverlag GmbH & Co. KG, München 2007

Mayr, Peter: Biologisches Kochbuch, Orac Verlag, Wien 1989

Podlech, Dieter: Heilpflanzen, Gräfe und Unzer Verlags GmbH, München 1987

Recht, Christine, Wetterwald, Max F.: Ernte am Wegrand, Ulmer GmbH & Co., Stuttgart 2002

Rodway, Avril: Kräuter und Gewürze, Tessloff Verlag, Hamburg 1980

INTERNET

www.dasmittelalterkochbuch.de (Stand 26.05.2011)

www.gesundheit.de (Stand 02.08.2001)

www.heilkraeuter.net (Stand 01.08.2011)

www.kaesekessel.de (Stand 08.05.2011)

www.kraeuter-verzeichnis.de (Stand 25.06.2011)

www.wikipedia.org (Stand 03.07.2011)

Dieses Buch widme ich meinen Töchtern Judith, Herrath und Anne Wibke in Liebe und Zuneigung.

Danken möchte ich, Usch von der Winden, zuerst meinem grandiosen Power-Team Cornelia, Dana, Karin und Uta, das maßgeblich zum Gelingen dieses schönen Buches beigetragen hat. Zudem allen guten Freunden, namentlich Bertheide und Helmut, Majo und Martin und Heidi, die mich stets mit guten Taten, Requisiten und Durchhaltesprüchen unterstützten.

Bedanken möchte ich mich auch bei der Mannschaft des Fackelträger Verlags für deren stets offenes Ohr und das in mich gesetzte Vertrauen als »Jungautorin«.

TEXTE, REZEPTE, FOOD DESIGN
Usch von der Winden, Wiesbaden

FOTOS
Cornelia Renson, Wiesbaden

GESTALTUNG
Dana Kula, Wiesbaden

TEXTREDAKTION
Karin Schulze-Langendorff, Wismar

BILDBEARBEITUNG
Uta Ebenig, Wiesbaden

GESAMTHERSTELLUNG
Fackelträger Verlag GmbH, Köln

ISBN: 978-3-7716-4490-1
www.fackeltraeger-verlag.de

Impressum

Wildkräuter